BAUSTEINE

Übungsheft 4

Neubearbeitung

Erarbeitet von
Björn Bauch, Ulrike Dirzus, Matthias Greven,
Gabriele Hinze, Susan Krull,
Luitgard Schell und Hans-Peter Schmidt

Unter Beratung von
Rosie Mester

Diesterweg

INHALT

Sprachen verstehen 4

Am Meer 8

Abenteuer 11

Sich vertragen 14

Werbung 18

Feuer 21

Schrift und Schreiben 24

Tiere im Winter 27

In fernen Ländern 31

Berufe 34

Ritter 37

Dichterwerkstatt 40

Umweltfreunde 44

Bilder lesen 47

Medien 50

Vampire 53

Bewegung 57

Klassenzeitung 61

Lernzielsynopse 64

SPRACHEN VERSTEHEN

Pierrot räumt auf

Checkliste
Jeans
Sweatshirt
T-Shirt
Shorts
Inliner
Volleyball
Tennisschläger
Surfbrett
Comic
Laptop
Campingkocher
Baguette
Bonbontüte
Jogurt
Chips

1. Welche Gegenstände hat Pierrot hinausgeworfen? Schreibe sie auf.

2. Vergleiche mit der Checkliste. Schreibe auf, was übrig bleibt.

tragbarer Computer _____   säuerliches Milchprodukt _____

Wassersportgerät _____   Weißbrot _____

kurze Hosen _____   Bildergeschichte _____

leichtes Hemd _____   Knabbergebäck _____

3. Schreibe die passenden Fremdwörter zu den Erklärungen.

Fremdwörter; Worterklärungen

Schnappschüsse

_____ eine Taucherbrille.
_____ über Pierrot.
_____ ein Quiesel-Eis.
Vor der Theke _____
_____ Geld in den Brunnen.
_____ die Münzen.

1 Vervollständige die Sätze. Füge immer Subjekt und Prädikat ein.

2 Unterstreiche in jedem Satz das Subjekt schwarz und das Prädikat rot.

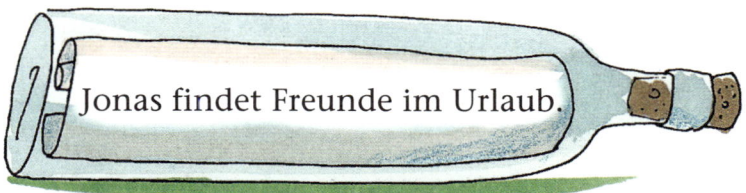

Jonas findet Freunde im Urlaub.

_____
_____
_____

3 Stelle die Satzglieder um. Schreibe die Sätze mit den richtigen Satzzeichen auf.

4 Unterstreiche in jedem Satz das Subjekt schwarz und das Prädikat rot.

Subjekt und Prädikat; Umstellprobe

Sprachen verstehen

Sprachakrobaten

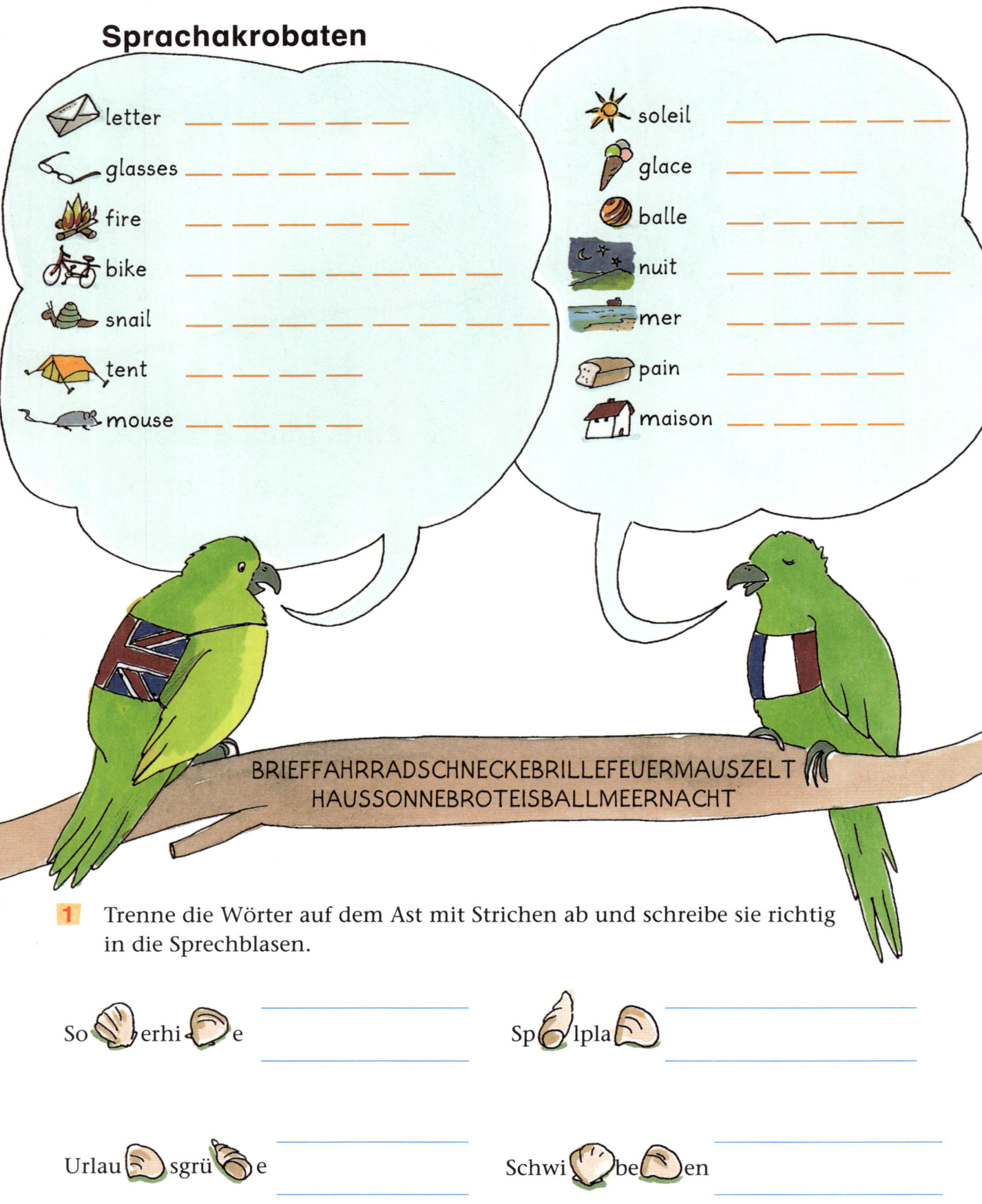

1. Trenne die Wörter auf dem Ast mit Strichen ab und schreibe sie richtig in die Sprechblasen.

So🐚erhi🐚e _____   Sp🐚lpla🐚 _____

Urlau🐚sgrü🐚e _____   Schwi🐚be🐚en _____

2. Schreibe immer die beiden Wörter auf, unter denen du nachschlagen musst.

6 Wörterlisten in Fremdsprachen; Nachschlagen

Wortfamilien

1. Trenne die Wörter auf den Wellen mit Strichen ab.
2. Streiche die Anfangsbuchstaben der Nomen durch. Schreibe die Großbuchstaben darüber.
3. Auf dem Zelt sind verwandte Wörter versteckt. Kreise sie ein.

T-Shirt – Sweatshirt

4. Schreibe die Wortpaare auf.

5. Im Zelt stehen noch vier Wörter. Schreibe sie auf.

Übungswörter; Wortfamilien 7

AM MEER

Der Seehund

Den größten Teil des Jahres verbringen Seehunde in der offenen Nordsee. Dort jagen sie. Ein erwachsener Seehund braucht jeden Tag 5 kg Fische um satt zu werden.

An Land bewegen sie sich sehr ungeschickt, da ihre Vorder- und Hinterbeine zu Schwimmflossen umgebildet sind. Im Wasser dagegen sind sie elegante Schwimmer und Taucher. Sie sind bis zu 35 km/h schnell und können 20 Minuten unter Wasser bleiben.

Ein großer Seehund ist 2 Meter lang und 150 kg schwer. Eine dicke Speckschicht unter der grauen, glatten Haut schützt ihn vor Kälte. In der Nordsee hat der Seehund kaum natürliche Feinde.

1 Unterstreiche, was du über Aussehen, Eigenschaften, Lebensraum und Nahrung des Seehunds erfährst.

Der Seehund

Aussehen: _____

Eigenschaften: _____

Lebensraum: offene Nordsee

Nahrung: _____

2 Trage die Informationen in Stichworten ein.

Stichworte notieren

Die Seehund-Rettung

> Gestern sind wir durch das Watt gegangen. Dabei haben wir einen Heuler gefunden. Wir haben die Seehund-Station benachrichtigt. Eine Tierärztin ist gekommen. Sie hat den Heuler abgeholt. Dann hat sie ihn untersucht. Der kleine Seehund hat seine Nahrung noch nicht allein geschluckt. Deshalb hat er Haferbrei durch einen Schlauch direkt in den Magen bekommen. Später hat er selbst kleine Heringe gefressen.

1 Unterstreiche in jedem Satz die zusammengesetzte Vergangenheit.

HEUTE MIT RÄTSEL ⭐ **INSEL-SCHLAGZEILEN**

FREITAG, 27. 7. 20 --
INSEL NEWS VERLAG
PREIS 1.30 €

Wir halfen bei einer Seehund-Rettung

Gestern gingen wir _____

_____
_____
_____
_____
_____
_____
_____
_____
_____
_____

> wir fanden   sie holte ab   sie untersuchte   sie kam   er schluckte
> er fraß   wir benachrichtigten   er bekam   wir gingen

2 Schreibe den Zeitungsbericht weiter. Verwende die einfache Vergangenheit.

3 Unterstreiche in jedem Satz die einfache Vergangenheit.

Perfekt und Imperfekt

Am Meer

Rätsel im Meer

1 Setze die Silben zusammen und schreibe die Wörter auf.

2 Markiere, ob der Vokal vor dem ß lang oder kurz ist.

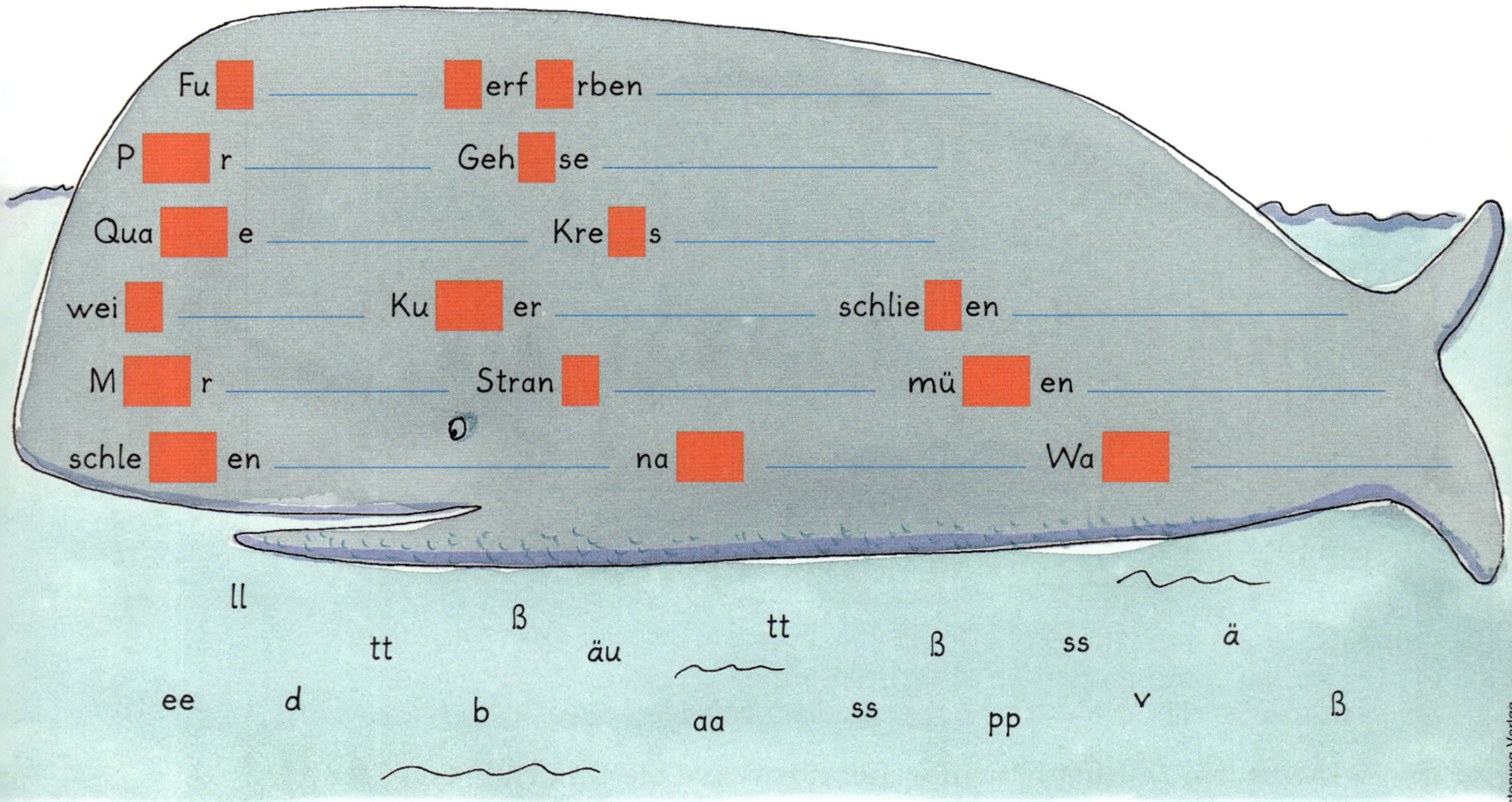

3 Setze die richtigen Buchstaben ein und schreibe das vollständige Wort auf.

Wörter mit *ss/ß*; doppelter Konsonant; Übungswörter

ABENTEUER

Auf der Schatzinsel

Wörter auf den Felsen:
- die Krokodile
- ihren mutigen Freund
- den Wasserfall
- ihn
- eine Hängebrücke
- den Fluss
- drei alte Kreuze
- den Pfad
- den Vulkan
- ein Skelett
- seinen Fuß
- die Insel
- einen Palmenwald

Die drei Piraten Pit, Hein und Jan betreten **die Insel**. Zuerst sehen sie _____. Dann entdeckt Pit _____ _____. _____ besteigen sie lieber nicht. Sie nehmen _____ zum Fluss. Bald hören sie _____. Nach langem Fußmarsch erreichen die Piraten endlich _____. Plötzlich entdeckt Jan _____ am Wegesrand. Dann bemerken sie _____ im Wasser. In der Ferne sehen sie _____. Pit setzt _____ auf die morschen, alten Holzbretter. Hein und Jan warnen _____. Im letzten Moment retten sie _____ vor dem Absturz.

1. Vervollständige die Sätze. Verwende dazu die Wörter auf den Felsen.
2. Unterstreiche in jedem Satz die Wen-oder-was-Ergänzung.
3. Unterstreiche in den Sätzen das Subjekt und das Prädikat.

Wen-oder-was-Ergänzung 11

Abenteuer

Schatzkisten

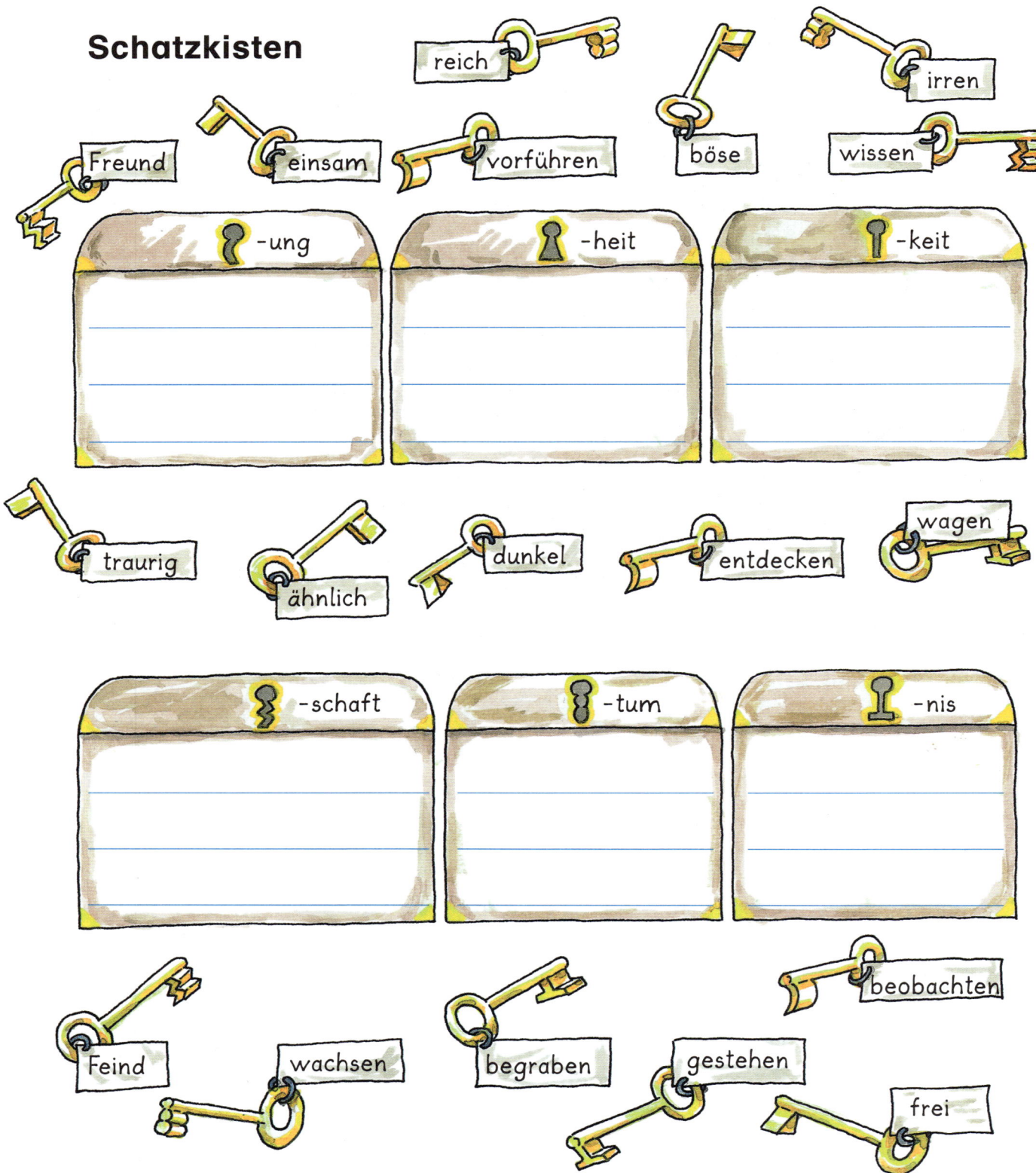

1. Bilde mit *-ung, -heit, -keit, -schaft, -tum* und *-nis* Nomen. Schreibe die Wörter immer in die passende Truhe.

2. Schreibe die Wörter aus der Truhe mit *-nis* in der Mehrzahl auf. Markiere immer den doppelten Konsonanten.

12 Nomen mit *-ung, -heit, -keit, -schaft, -tum* und *-nis/-nisse*

Wo liegt der Schatz?

- Man kann ihn suchen, finden und besitzen.
- auf einmal
- Nomen zum Verb *verfolgen*
- Gegenteil von langweilig
- anderes Wort für Finsternis
- jemand *Guten Tag* wünschen
- Hohlraum im Felsen
- aufregendes Erlebnis
- überraschend finden
- anderes Wort für Haft
- Nomen zum Verb *erleben*
- Glas ist …
- Gegenteil von Armut
- etwas, das man nicht weitererzählt
- Knochengerippe

Lösung:

1 Löse das Rätsel mithilfe der Spuren im Sand.

Übungswörter, Silben

SICH VERTRAGEN

Poesie-Sprüche

In allen vier Ecken soll Liebe drinstecken.

Rosen, Tulpen, Nelken,
alle drei verwelken,
Stahl und Eisen bricht,
aber unsere Freundschaft nicht.

Vergiss es nie in deinem Leben,
was deine Eltern dir gegeben.
Behalt sie lieb dein Leben lang;
das ist für sie der schönste Dank.

1 Unterstreiche die Nomen in den Sprüchen.

die Ecken,

2 Schreibe die Nomen auf, die Menschen, Tiere, Pflanzen oder Dinge bezeichnen.

3 Schreibe alle übrigen Nomen auf.

```
GEDANKE  BRAUN  LAUFEN          BEACHTEN  NASS  BALL  LÜGE
HAUS  SINGEN  HELL  FRIEDE       KAUFEN  PAPAGEI  WAHRHEIT
ELEFANT  KLUGHEIT  BELLEN        WALD  VERTRAUEN  ANGENEHM
STAUNEN  FREUND  LUSTIG          TULPE  ANGST  AUTO  GLÜCK
```

der Gedanke,

4 Schreibe die Nomen von der Kiste auf.

5 Kreise alle Nomen ein, die keine Menschen, Tiere, Pflanzen oder Dinge bezeichnen.

14   Nomen: Konkreta und Abstrakta

Nach dem Spiel

Sprechblasen:
1. Du bist nicht schuld, Philipp!
2. Meinst du das wirklich?
3. Toni hätte nicht ausrutschen dürfen.
4. Der Schuss war wirklich unhaltbar.
5. Ist das deine ehrliche Meinung?
6. Du bist unser bester Torwart!

Verben: ① beruhigen ○ erklären ○ fragen ○ loben ○ sich erkundigen ○ bestätigen

1 Zu welcher Sprechblase passen die Verben für *sagen*? Trage die Nummern ein.

Tim beruhigt Philipp:

2 Schreibe die Gespräche so auf, dass die Begleitsätze abwechselnd vor und nach der wörtlichen Rede stehen.

3 Unterstreiche die Begleitsätze und die wörtliche Rede mit verschiedenen Farben.

4 Markiere die Anführungszeichen und die anderen Satzzeichen rot.

Wortfeld *sagen*, wörtliche Rede mit vor- und nachgestelltem Begleitsatz

Sich vertragen

Silbenpuzzle

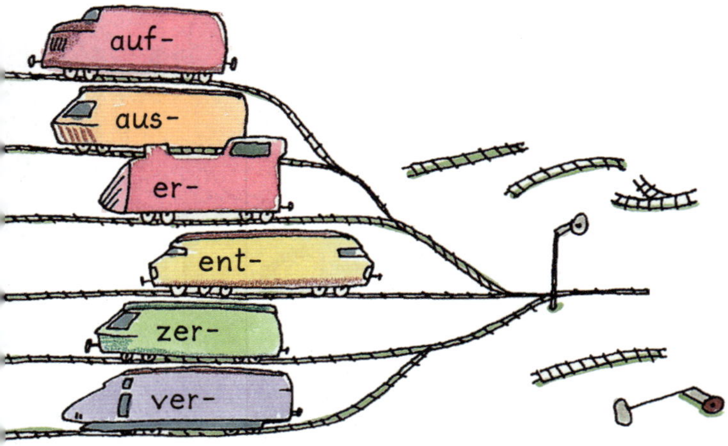

auf-
aus-
er-
ent-
zer-
ver-

fallen | fangen | finden | füllen
raten | rechnen | reiben | reichen
reißen | richten | sagen | schlafen
setzen | suchen | tarnen | täuschen

auf-: _____

aus-: _____

ent-: _____

er-: _____

ver-: _____

zer-: _____

1 Welche Verben kannst du bilden? Schreibe sie geordnet auf.

16 Vorsilben bei Verben (scheinbare Konsonantenverdopplung)

Rätsel raten

K★nfl★kt   K★k★★★   Fr🟫ndsch★ft
Pr★gr★mm   Schl★cht★ng   Str🥖t   V★rtr★g   V★rtr🟫n
★bb🟫g★n   f★nkt★n🟫r★n   ★nn★hm★n   ★rg★rn
🟢sst★ll★n   z★rr★ß★n   fr🟫ndl★ch   fr🟨dl★ch

1 Male die ⭐ und 🟫 richtig aus: a/ä = ⭐(rot), e = ⭐(blau), i = ⭐(gelb), o/ö = ⭐(grün), u/ü = ⭐(braun),
ei = 🟫(braun), eu = 🟦(blau), ie = 🟨(gelb), au = 🟩(grün)

---

2 Schreibe die Wörter richtig auf. Setze bei den Nomen immer den Artikel dazu. Kontrolliere die Wörter mit der Wörterliste.

Ben und Paul haben ☐☐☐☐☐. Erst war Bens ☐☐☐☐ auf Pauls

neues Bild getropft. Ben wollte Paul eigentlich gar nicht ☐☐☐☐☐. Paul war

trotzdem sauer, weil er das Bild in der Klasse ☐☐☐☐☐☐☐ wollte.

Die ☐☐☐☐☐☐☐☐☐ der beiden war in Gefahr! Nina wollte gern, dass

Ben und Paul wieder ☐☐☐☐☐☐ miteinander umgingen. Sie war sich

aber nicht sicher, ob das ☐☐☐☐☐☐ zur ☐☐☐☐☐☐☐ von

Streitigkeiten wirklich ☐☐☐☐☐☐☐☐☐ würde. Aber es klappte!

Als Ben und Paul einen ☐☐☐☐☐☐ gemacht hatten, fassten sie wieder

☐☐☐☐☐☐ zueinander und beendeten ihren ☐☐☐☐.

3 Setze passende Wörter von Aufgabe 2 in den Text ein.

Übungswörter **17**

WERBUNG

Werbe-Wörter

Heute im Angebot: Schmusedecken, Kaugummi, Müsliriegel, Waschmaschinen, Honigmelonen, Mineralwasser, Regenjacken, Brötchen

atmungsaktiv zuckersüß knackfrisch
knusperleicht lämmchenweich quellfrisch
vollautomatisch zahngesund

Heute im Angebot: lämmchenweiche Schmusedecken,

1 Wie hätte der Sprecher besser für die Produkte werben können?
Schreibe die Nomen mit den passenden zusammengesetzten Adjektiven auf.

 stark
  rot
 klar
 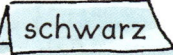 neu
schwarz
 scharf

das Glas – klar → glasklar,

2 Setze aus den Bildern und den Wörtern Adjektive zusammen und schreibe sie auf.

18 Adjektivkomposita

Tombola

Preise
1. Flu☐ in den Urlau☐
2. Rennra☐
3. Stau☐sauger
4. Mixsta☐
5. Mikrosko☐
6. Stran☐tuch
7. Ritterbur☐

Lich☐techni☐ Strahlemann
Tan☐stelle
Schrei☐waren Knuff

Lichter – Licht, Techniker – _____

1 Setze *b* oder *p*, *d* oder *t*, *g* oder *k* ein. Verlängere dafür die Wörter und schreibe immer beide Wörter auf.

b/p	d/t	g/k
geben — ga**b**	____ rä☐	____ brin☐t
____ lo☐t	____ bo☐	____ tru☐
____ blie☐	____ rie☐	____ len☐t
____ pie☐t	____ fan☐	____ fra☐t
____ le☐t	____ ban☐	____ ma☐
____ hu☐t	____ ba☐	____ den☐t
____ he☐t	____ lu☐	____ schlu☐

2 Schreibe die Verben in der Grundform auf und ergänze den fehlenden Buchstaben.

Auslautverhärtung bei Nomen; Konsonantenverhärtung bei Verben

Werbung

Werbe-Rätsel

Silben auf Wimpeln: ne, meln, Wer, bä, be, buch, bung, Dreh, dukt, flüs, welt, stark, rühmt, Ohr, Pro, tern, rich, oh, nig, ne, Sze, sam, ren, tig, we

waagerecht
3 Danach dreht man einen Film.
4 zusammentragen
5 sehr kräftig
7 Teil eines Films
10 leise sprechen
12 Dafür macht man Werbung.

senkrecht
1 überall bekannt
2 nicht mit, sondern …
6 Gegenteil von *falsch*
8 Reklame
9 Gegenteil von *viel*
11 Sinnesorgan

1 Löse das Rätsel. Verwende die Silben von den Wimpeln und hake sie ab.

2 Das Lösungswort heißt: ▢▢▢▢▢▢▢▢

Nomen | Adjektive | Verben / sonstige Wörter

3 Sortiere alle Wörter aus dem Rätsel richtig ein.

20 Übungswörter

FEUER

Die Feuerwehr im Einsatz

Die Feuerwehr hilft dem Autofahrer.
Die Feuerwehr hilft

1 Wem hilft die Feuerwehr? Schreibe die Sätze auf.

2 Markiere in den Sätzen das Satzglied, das auf die Wem-Frage antwortet.

beschreiben
Feuerwehrmann
Reporter
Unfall

geben
Einsatzleiterin
Besitzer
Katze

schenken
Kinder
Helfer
Bild

schreiben
Frau
Feuerwehr
Dankesbrief

3 Bilde Sätze und schreibe sie auf.

4 Unterstreiche in den Sätzen <u>Subjekt</u>, <u>Prädikat</u>, <u>Wen-oder-was-Ergänzung</u> und <u>Wem-Ergänzung</u>.

Wem-Ergänzung, Satzglieder   **21**

Feuer und Flamme

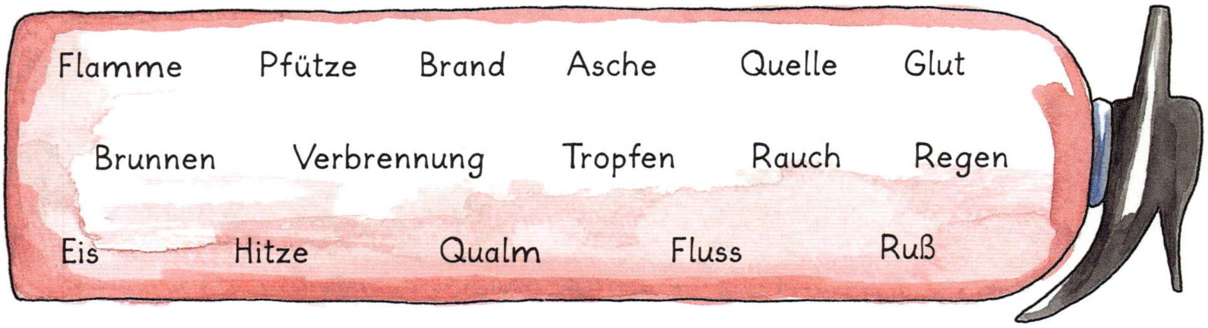
Flamme
Pfütze
Brand
Asche
Quelle
Glut
Brunnen
Verbrennung
Tropfen
Rauch
Regen
Eis
Hitze
Qualm
Fluss
Ruß

1 Unterstreiche alle Wörter rot, die zum Wortfeld *Feuer* und alle Wörter blau, die zum Wortfeld *Wasser* gehören.

Wortfeld FEUER

Wortfeld WASSER

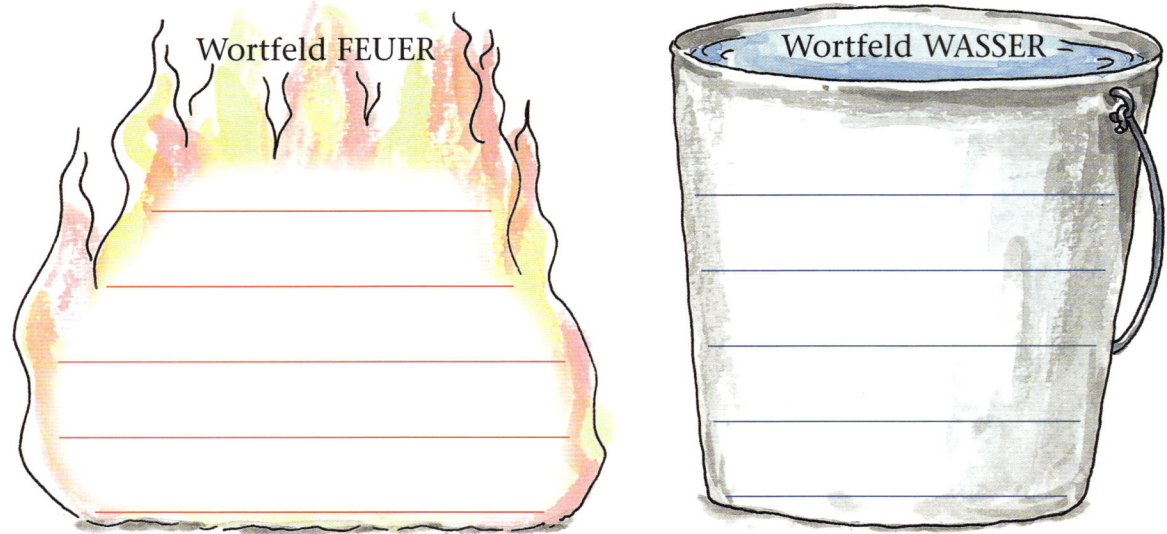

2 Schreibe die Wörter geordnet auf.

brennen
züngeln
lodern
flackern
knistern
glühen
flammen
prasseln

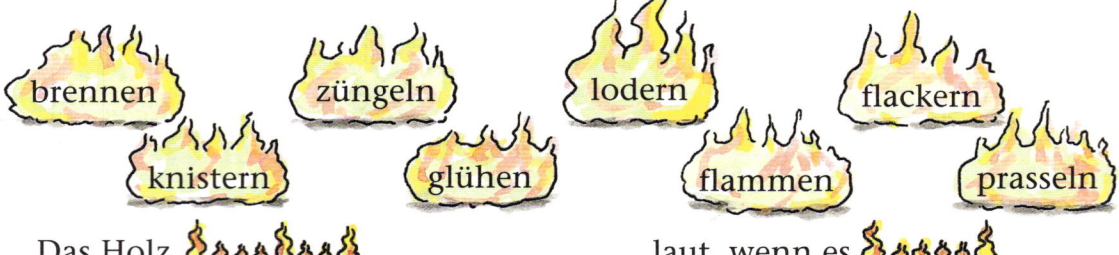

Das Holz ______________ laut, wenn es ______________. Die Flammen ______________ am Holz entlang und ______________ hell auf. Das Feuer im Kamin ______________ unruhig und ______________.

Die Holzkohle im Grill ______________ leuchtend rot.

3 Ergänze die Sätze mit den passenden Verben. Achtung: Ein Verb bleibt übrig.

Es brennt!

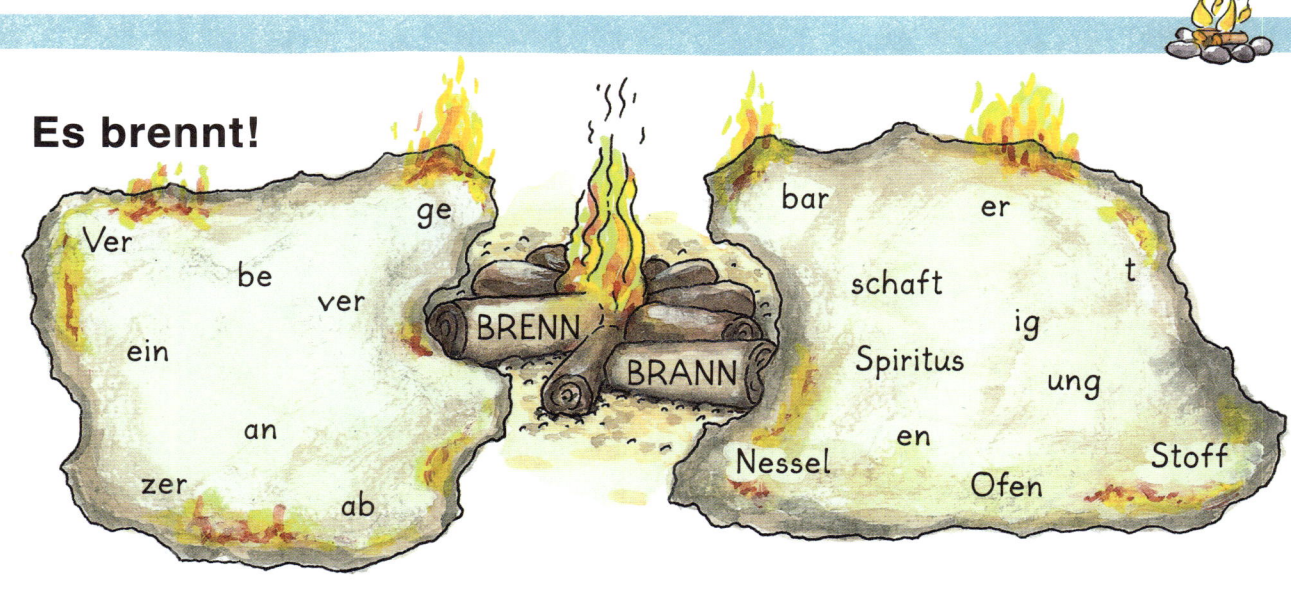

1. Welche Wörter kannst du zusammensetzen? Schreibe sie auf. Achtung: Du kannst nicht alle Wortbausteine verwenden!
2. Markiere immer den Wortstamm.

Die Wörter von Aufgabe 3 kannst du in der Wörterliste nachschlagen!

Brand   brennend   draußen   Einsatz   einstürzen
Feuerwehr   Flamme   Gebäude   gefährlich   Gewitter
heftig   löschen   Nachmittag   schlagen   während   züngeln

3. Schreibe die Wörter richtig auf. Schreibe bei den Nomen auch die Artikel dazu.

Wortfamilie *brennen*, Übungswörter   **23**

SCHRIFT UND SCHREIBEN

Wünsche der Klasse 4a

Sehr geehrter Herr Funke,

wir alle vermissen _____ als Hausmeister. Jetzt liegen _____ schon eine Woche mit einem gebrochenen Bein im Krankenhaus. Wir hoffen, dass _____ ganz schnell wieder fit werden. Wir wünschen _____, dass _____ Weihnachten zu Hause bei _____ Kindern feiern können.

_____ Klasse 4a

Hallo Miriam,

schade, dass _____ weggezogen bist. Seit _____ Umzug sind nun schon drei Wochen vergangen. Alle vermissen _____. Wie gefällt es _____ denn in _____ neuen Klasse? Hast _____ schon neue Freunde gefunden? Schreib uns doch mal.
Viele Grüße von _____ früheren Mitschülerinnen und Mitschülern

---

Liebe Frau Halbach,

wir wünschen _____ schöne Weihnachtstage mit _____ Mann und _____ Kindern. Fahren _____ mit _____ Familie wieder in den Schi-Urlaub? Für das neue Jahr wünschen wir _____ ganz viel Glück.
Es grüßt _____ die Klasse 4a

---

deinem deinen deiner dich dir du du Ihnen Ihnen Ihnen
Ihre Ihrem Ihren Ihren Ihrer Sie Sie Sie Sie Sie Sie

1 Setze die passenden Pronomen in die Briefe ein.

Schönschreiben

se blü
  glü nä
dre
  ru
flie ge we
ste spä
  mu
zie krä

hen

sehen, _____

1 Schreibe die Verben auf.

2 Unterstreiche immer die Silbe, die in allen Verben gleich ist.

blühen	sie leiht
drohen	es blüht
gedeihen	sie näht
leihen	es gedeiht
nähen	ihr droht

ruhen	er weiht
sehen	du siehst
stehen	ihr ruht
wehen	es weht
weihen	sie steht

3 Verbinde die Verben, die zusammengehören, und unterstreiche immer das *h*.

Grund-form:			
ich			
du			
er/sie/es			
wir			
ihr			
sie			

4 Suche dir drei Verben von Aufgabe 3 aus und trage sie in die Tabelle ein.

Wörter mit silbentrennendem *h*

Schrift und Schreiben

Schreibrätsel

```
G P V E R Z I E R E N X Ä
E K Q A T A U S E N D W J
N P C O M P U T E R I E K
T A F R Ü H E R N Q Z R S
S P E W Q Ä Y X T C V T C
T I Z H J T L M W N B V H
E E I D S M A Q I W E O Ö
H R E X Y C F Z C T G L P
E H H T D R U C K E N L F
N Q E W Y M Ü H E U I O E
Y A N A H G H G L Ü H E N
R U H I G X C V N B N M Ü
```

wertvoll nah
Gruß tausend
Computer Mühe
Papier ruhig

früher entstehen
verzieren glühen
drucken entwickeln
ziehen schöpfen

1 Suche die Wörter von den Schwämmen auf der Tafel und kreise sie ein. Ein Wort fehlt: _____

NÄHE MÜHSAM DRUCKEREI UMZUG RUHE WERT ALTPAPIER
GLÜHBIRNE VERZIERUNG ENTSTEHUNG SCHÖPFRAHMEN FRÜHBLÜHER

Nähe – nah

2 Suche zu jedem Wort vom Blatt ein verwandtes Wort von der Schiefertafel. Achte auf die Groß- und Kleinschreibung.

TIERE IM WINTER

Vogelfütterung im Winter

Sobald der erste Frost kommt, streuen viele Menschen Futter für die Vögel aus. Diese Winterfütterung hat aber nicht nur Vorteile, sondern auch Nachteile. Den Menschen macht die Fütterung der Vögel viel Freude. Sie lernen die verschiedenen Vogelarten und ihre Lebensweise kennen. Am Vogelhaus
5 können sie die Vögel aus der Nähe beobachten.
Vogelschützer warnen aber vor unüberlegter Fütterung der Vögel. Bei dichter Schneedecke und Temperaturen unter –5 °C kann die Fütterung den Tieren über den Winter helfen, weil dann die Futtersuche schwierig ist. Es besteht aber die Gefahr, dass die Tiere vom Menschen abhängig werden. Auch falsches Futter
10 schadet ihnen. Und wenn das Futter feucht wird, kann es verderben und Seuchen auslösen. Die Futterstellen müssen daher regelmäßig gesäubert werden.

1 Unterstreiche in zwei verschiedenen Farben, welche Vorteile und welche Nachteile die Winterfütterung hat.

Vorteile	Nachteile
– macht den Menschen Freude	

2 Schreibe die Vorteile und die Nachteile in Stichworten auf.

3 Schreibe deine Meinung zur Winterfütterung in dein Heft.

Stichworte herausschreiben

Tiere im Winter

So überleben Tiere den Winter

Wir nennen Fuchs und Luchs winteraktive Tiere.

Die Eidechse kann ihr Versteck nicht verlassen.

Die Rehe frieren im Winter nicht.

Der Specht hämmert mit seinem Schnabel gegen den Baumstamm.

Das Hermelin ist bei Schnee gut getarnt.

Er sucht unter der Rinde Insekten.

Sie fällt in Winterstarre.

Sie gehen auch bei Kälte auf Nahrungssuche.

Sein Winterfell ist weiß.

Sie bekommen ein dickes Fell.

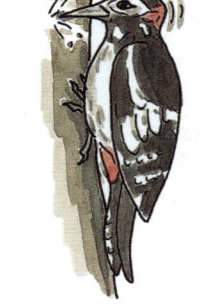

1 Welche Sätze gehören zusammen? Verbinde sie mit Strichen.

Wir nennen Fuchs und Luchs winteraktive Tiere, weil sie auch _____

_____
_____
_____
_____
_____
_____
_____
_____

2 Verbinde die Sätze mit *weil*. Setze vor *weil* ein Komma und achte darauf, dass sich die Stellung des Verbs ändert.

Satzverknüpfung mit *weil*; Komma bei Nebensätzen

Winterschlaf oder Winterruhe?

Das Eichhörnchen hält im Kobel Winterruhe.
Wo hält das Eichhörnchen Winterruhe?

In der Erde gräbt es nach ein paar Nüssen.
_____

Schnell klettert es wieder in seinen Kobel.
_____

Manchmal kommt es aus seinem Versteck.
_____

1 Schreibe immer die Frage nach der Ortsergänzung auf.
2 Markiere in jedem Satz die Ortsergänzung.

Igel fressen sich im Herbst ein Fettpolster an.
_____

So können sie mehrere Monate ohne Nahrung auskommen.
_____

Manche Igel überwintern mehrmals am gleichen Ort.
_____

Seit Mitte November schläft der Igel dort.
_____

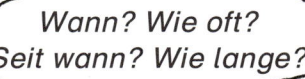

3 Schreibe immer die Frage nach der Zeitergänzung auf.
4 Markiere in jedem Satz die Zeitergänzung.

Ortsergänzung und Zeitergänzung

Tiere im Winter

Im Winterwald

Im Winter 🐾en die Bäume kaum.

Fährten im Schnee ver🐾elt man leicht.

Im Winter sind die jungen Füchse er🐾en.

Wenn es kalt wird, 🐾eln die Rehe das Fell.

Im Winter ist das Wetter oft 🐾elhaft.

_____

_____

_____

_____

_____

1 Schreibe die Sätze auf. Setze dabei WACHS oder WECHS ein.

gräbt   Försterin   Eichhörnchen   vielleicht   außerdem   Spur
verschneit   Nahrung   aufschrecken   Vorrat   Specht   Dachs

Der Wald ist tief _____. Die _____ will den

Tieren _____ bringen. Sie entdeckt die _____ eines Tieres. Unter

einem Baum _____ ein _____ nach seinem

_____. Die Försterin hört _____ einen _____

und sieht den Bau, in dem ein _____ lebt. Damit die Tiere nicht

_____, ist sie ganz leise. _____ kann

sie sogar ein paar Rehe beobachten.

2 Setze die Wörter richtig ein. Hake die verwendeten Wörter ab.

30   Übungswörter; Wortfamilien *wechseln* und *wachsen*

IN FERNEN LÄNDERN

Leben in einem fernen Land

Auf dem Markt <u>bieten</u> die Leute Früchte und Gemüse <u>an</u>.
Sie bauen einfache Stände auf. Dort stellen sie ihre Ware aus.
Sie legen die Preise nicht fest. Jeden Preis handeln sie
einzeln aus. Manchmal tauschen sie auch eine Ware gegen
eine andere ein. Am Abend kehren sie in ihr Dorf zurück.

1 Unterstreiche die Prädikate. Sie bestehen alle aus zwei Teilen.

bieten an – anbieten,

_____

_____

2 Schreibe alle Verben aus dem Text auf und ergänze immer die Grundform.

Die Frau **packt** im Haus die Waren **ein**, auf dem Markt _____

sie sie _____. Am Fluss _____ sie ins Kanu _____, bei der Ankunft

_____ sie _____. Häufig _____ sie Waren _____, selten

_____ sie diese _____. Die Mutter _____ das Flechten _____,

Simbari _____ es _____. Zum Tanz _____ die Männer Grasröcke

_____, zum Schlafen _____ sie sie _____. Die Großen _____

den Kleinen ein Lied _____, diese _____ es _____. Ein Tänzer

_____ die Schritte _____, die anderen _____ sie _____.

> einpacken/auspacken, einsteigen/aussteigen, eintauschen/umtauschen, vormachen/
> nachmachen, anziehen/ausziehen, vorsingen/nachsingen, vortanzen/nachtanzen

3 Setze die Verben richtig ein.

zweiteilige Prädikate, Wortbausteine **31**

In fernen Ländern

Ein Schultag

Die Schülerin Simbari und ▱ Bruder Kumbal
fahren in ▱ Einbaum zur Schule im
Nachbarort. ▱ Lehrer steht schon vor der
Schule. ▱ ruft alle Kinder mit ▱
5 Trommel herbei. Heute macht ▱ allen
der Unterricht besonderen Spaß. An der Tafel steht
ein Rätsel. Kumbal versucht ▱ zu lösen.
Die Lösung fällt ▱ leicht. Der Lehrer lobt
▱. Simbari schreibt zusammen mit
10 ▱ Freundin Geschichten in englischer
Sprache. Englisch gefällt ▱ gut.
Am Nachmittag fahren ▱ zurück und
spielen mit ▱ Freunden.

Tafel: seiner · ihnen · ihn · ihm · ihr · ihrem · Ihr · sie · ihnen · ihrer · es · Er · ihren

1 Vervollständige die Sätze. Verwende dazu die Pronomen von der Tafel.

2 Schreibe den Text mit den richtigen Pronomen ab und markiere sie.

Pronomen

Zahlreiche Fische

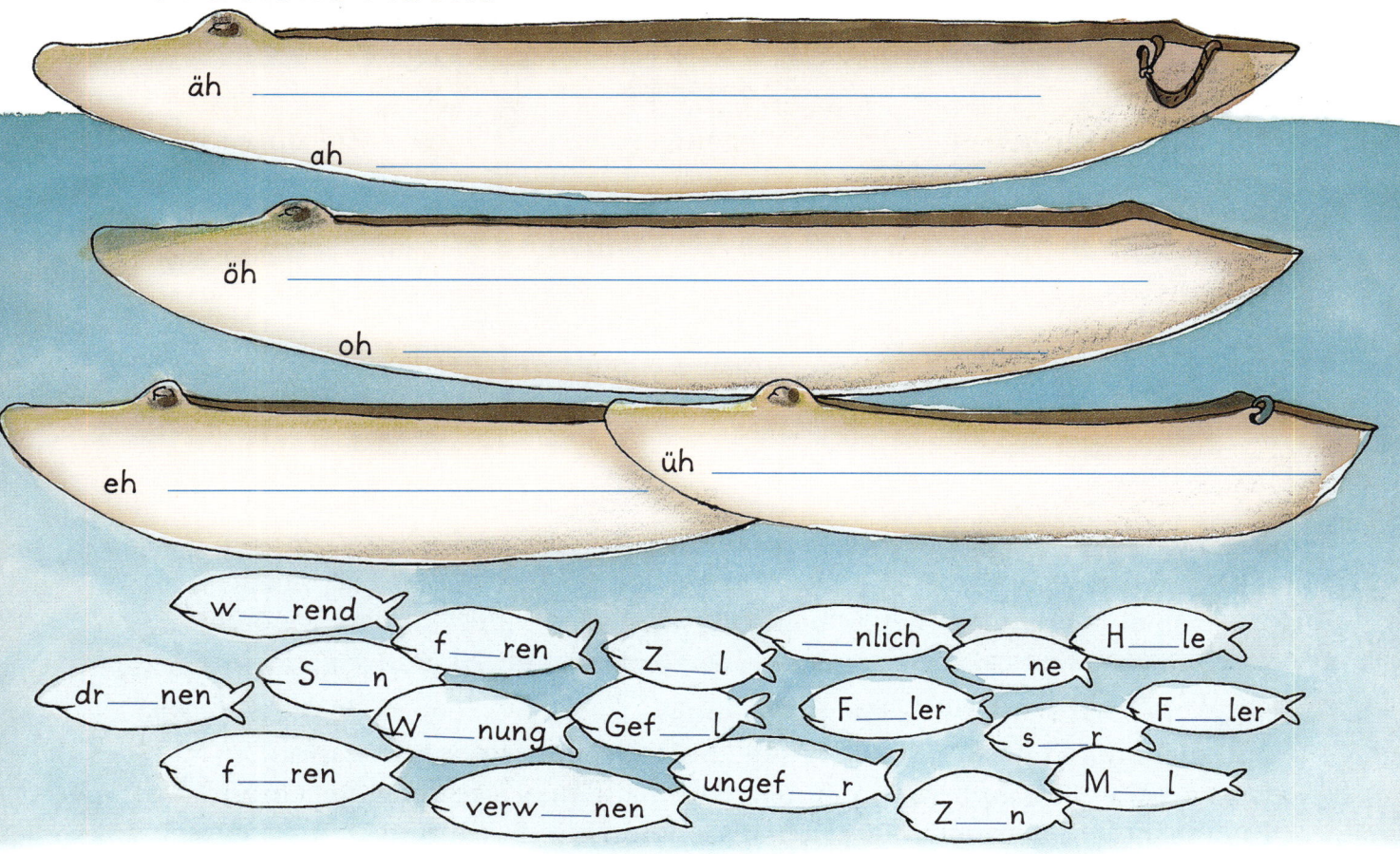

äh _____
ah _____

öh _____
oh _____

eh _____
üh _____

Fischwörter: w__rend, f__ren, Z__l, __nlich, H__le, dr__nen, S__n, ne, W__nung, Gef__l, F__ler, F__ler, s__r, f__ren, verw__nen, ungef__r, Z__n, M__l

1. Male die Fische in der richtigen Farbe an und setze die passenden Buchstaben ein: ah/äh= (rot)   eh= (blau)   üh= (grün)   oh/öh= (gelb)

2. Schreibe die Wörter von den Fischen in das passende Boot.

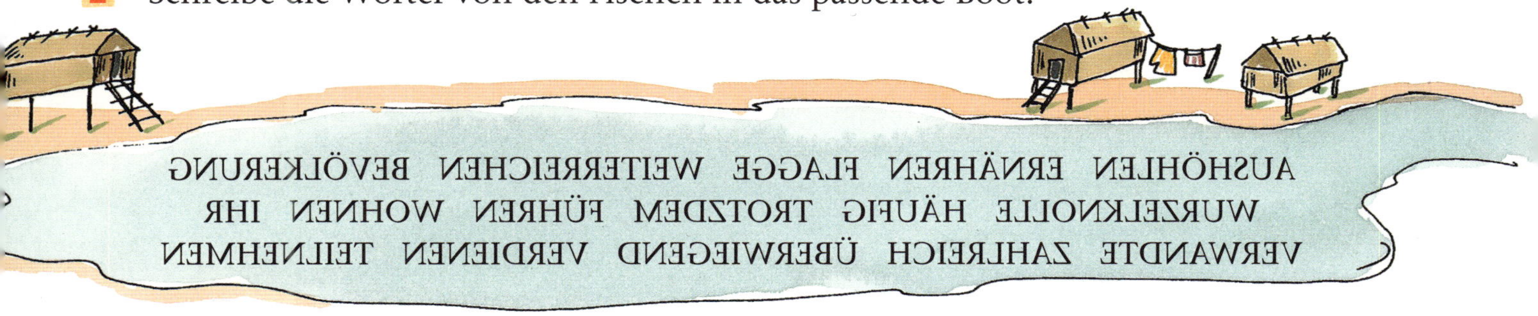

AUSHÖHLEN ERNÄHREN FLAGGE WEITERREICHEN BEVÖLKERUNG WURZELKNOLLE HÄUFIG TROTZDEM FÜHREN WOHNEN IHR VERWANDTE ZAHLREICH ÜBERWIEGEND VERDIENEN TEILNEHMEN

3. Schreibe die Wörter auf. Achte auf die Groß- und Kleinschreibung.

Wörter mit Dehnungs-h; Übungswörter

BERUFE

In der Zukunft

Vergangenheit	Gegenwart	Zukunft
letzte Woche		

letzte Woche   heute   gerade   in Zukunft   früher   zur Zeit   einst   damals   zukünftig   jetzt   bald   gestern   später   im Moment   morgen

1 Ordne die Wörter in die Tabelle ein.

Futi fliegt durch die Straße zur Schule. Er landet auf seiner Lernstation. Dort arbeitet Futi an Lernmaschinen. Nur manchmal sieht er eine Lehrerin. In der Pause holt er sich sein Essen aus einem Fach. Dann ruht sich die ganze Klasse in Schlafkabinen aus. Am Abend treffen sich alle zum Weltraumfußball.

Futi wird durch die Straße zur Schule fliegen.

2 Unterstreiche alle Verben im Text.

3 Schreibe den Text in der Zukunftsform mit *werden* auf.

34 Zeitadverbien; Verben im Futur

Wo ist die Zapfpistole? – an der Zapfsäule

1. Schreibe die Fragen und die Antworten zu den Gegenständen in blauer Schrift auf.
2. Markiere in den Antworten den Artikel und das Nomen im Wem-Fall.

Wohin gehört die Zapfpistole? – an die Zapfsäule

3. Wohin gehören die Gegenstände? Schreibe die Fragen und die Antworten auf.
4. Markiere in den Antworten den Artikel und das Nomen im Wen-Fall.

Präpositionen und der Wem- und der Wen-Fall

Berufe

Verschiedene Geschäfte

Fleischerei

In der Fleischerei kann man Bratwurst, _____ kaufen.

Bäckerei

Obsthandlung

Bratwurst Schinken Torte Aufschnitt Birnen Braten Brot Kirschen
Hörnchen Streuselgebäck Hackfleisch Brezeln Speck Kuchen Quitten
Äpfel Brötchen Erdbeeren

1 Unterstreiche die Waren in den Farben der Geschäfte.

2 Schreibe auf, was man in den Geschäften kaufen kann. Denke an die Kommas.

APOTHEKERIN KFZ-WERKSTATT UNIVERSITÄT BERUF AUSBILDUNG
WASSERWAAGE ZUKUNFT STADT SCHUBKARRE WAHRSCHEINLICH
STUDIEREN DEMNÄCHST NÄMLICH WÄHLEN ZWISCHEN ERZIEHERIN

3 Nummeriere die Wörter nach dem ABC. Schreibe sie dann in der richtigen Reihenfolge auf. Achte auch auf die Groß- und Kleinschreibung.

Komma bei Aufzählungen; Übungswörter; Alphabet

RITTER

Beim Turnier

1. jemand genau beobachten
2. nicht erfolgreich sein
3. etwas vorhaben
4. jemand helfen
5. jemand besiegen
6. gut vorbereitet sein

Als der unbekannte Ritter auf dem Turnierplatz erschien, sah Urban sofort, was er **im Schilde führte** 〇. Er trug das Wappen seines Feindes. Aber Urban war unbesorgt, denn er **war gut gerüstet** 〇. Er **nahm** seinen Gegner genau **ins Visier** 〇. Diesmal wollte er ihn **aus dem Sattel heben** 〇. Die beiden
5 ritten aufeinander zu. Plötzlich strauchelte Urbans Pferd und er stürzte zu Boden. Zu aller Erstaunen **griff** ihm der unbekannte Ritter **unter die Arme** 〇. Urban begriff, dass er an diesem Tag **keinen Stich machen** würde 〇.

1 Ordne den Redensarten aus dem Text ihre heutige Bedeutung von der Fahne zu. Trage die Zahlen ein.

2 Schreibe den Text neu. Verwende statt der Redensarten aus der Ritterzeit die heutigen Ausdrücke. Achte auf die Vergangenheitsform.

Redensarten **37**

Ritter

Vom Essen und Trinken

Einkaufsliste der Burg Freienstein aus dem Jahr 1395

7. August   frischer Fisch, Eier, Weißbrot
9. August   frischer Fisch, Eier, Ingwer, Safran, Heringe, gewürztes Backwerk
14. August   Heringe, frischer Fisch, Safran, Galgantwurzel, Ingwer, Äpfel
17. August   Brot, 3 Hühner, Wein, Schmalz, Käse, frischer Fisch, 2 Fass Butter, Plattenkuchen, Rüben, Birnen, Nüsse
20. August   Heringe, Eier
25. August   frischer Fisch für den Herrn, Weißbrot für den Herrn, Wein, 1 Sack Salz, 3 Pfund Gewürzkräuter, frischer Fisch für die Kinder des Burggrafen, Eier, gewürztes Backwerk

Gewürze: _____

_____

Backwaren: _____

_____

tierische Nahrungsmittel: _____

_____

Früchte und
Gemüse: _____

1 Sortiere die Einkaufsliste nach den Oberbegriffen.

2 Ein Nahrungsmittel kannst du nicht einordnen. Welches? _____

1 = l
5 = s
~~6~~

3 = k
4 = s

~~2~~
4 = k

_____   _____   _____

3 Löse die Bilderrätsel.

38   Oberbegriffe/Sammelnamen; Wörter mit *ks*

Wörter-Burg

Burg schwören Pferd Vergangenheit
Ritter Schwert Rüstung vielleicht
befreien links trotz Verlies vertraut
kämpfen verteidigen Knappe

Burg   d   i   w   t

Knap_____   _____ter   _____tung

_____gan_____heit   _____lies

_____leicht   _____frei_____

_____fen   schwö_____   _____traut

_____gen

Wörter auf den Schafen: Kurve, Verlust, Vertrag, vier, Verkehr, Vase, Vogel, Klavier, Vitamin, Vater, davon, Vorsicht, Verband

Turm-Buchstaben: U, V, B, R, T, A, L, H, V, R, S, E, S

1 Unterstreiche in der Fahne alle einsilbigen Wörter. Trage sie in die Zinnen ein.

2 Ergänze in der Mauer die fehlenden Silben. Die Wörter von der Fahne helfen dir.

3 Schreibe die Wörter von den Schafen an die richtige Stelle in den Turm.

Das Lösungswort lautet: _____.

Übungswörter; Wörter mit *v* und Wörter mit *ks*   **39**

DICHTERWERKSTATT

Wörter sammeln

Wenn Lars und Lea Witze machen,
müssen alle Kinder _____.

Ein armer Wicht, wer nur in Maßen
Gründe hat zu _____.

Der Vater will das Baby wickeln,
da fängt es an zu _____.

Bei dem Witz muss Sara _____,
sie kann bald nur noch husten.

Besser als die Stirn zu runzeln
ist's, öfter mal zu _____.

Meine Schwestern _____,
denn heut' gibt's wieder Linsen.

*gickeln   grinsen   lachen
schmunzeln   prusten   spaßen*

1 Setze die Wörter aus dem Wortfeld *lachen* richtig ein.

speisen
knabbern
frühstücken
fressen
löffeln
lecken

2 Verbinde die Wörter aus dem Wortfeld *essen* mit den passenden Bildern.

Vater und Mutter speisen im Restaurant.

_____

_____

_____

_____

3 Schreibe Sätze zu den Bildern auf.

Wortfelder *lachen* und *essen*

Im Dichtermuseum

<u>Der Bürgermeister</u> hat die Museumsordnung erlassen.
<u>Wer oder was hat die Museumsordnung erlassen?</u>

Die Schreibmaschine _____ ist ausgestellt.

_____

Der Dichter hat den Roman _____ gewidmet.

_____

Der Autor hat _____ geschrieben.

_____

1 Ergänze die Sätze. Überlege, in welchen Fällen die eingetragenen Wörter stehen und schreibe die passenden Fragen dazu.

Wer oder was?	der Leser	die Dichterin	das Buch
Wessen?			
Wem?			
Wen oder was?			

3 Trage die fehlenden Nomen mit ihren Artikeln ein.

Nomen in den vier Fällen   **41**

Dichterwerkstatt

Pronomen

- Alle mögen _____.
- Und ich finde _____ nett.
- Da ist ja Tim. Sara sucht _____ schon.
- Das ist mein Buch. Ich lese _____ gerne.
- Alle begleiten _____.
- Ich rufe _____ an.
- Da steht Sara. Siehst du _____?
- Die Kinder verstecken sich. Ich finde _____ trotzdem.

mich • dich • ihn • sie • es • uns • euch • sie

1 Trage die richtigen Pronomen in die Sprechblasen ein.

Die Dichterkönigin

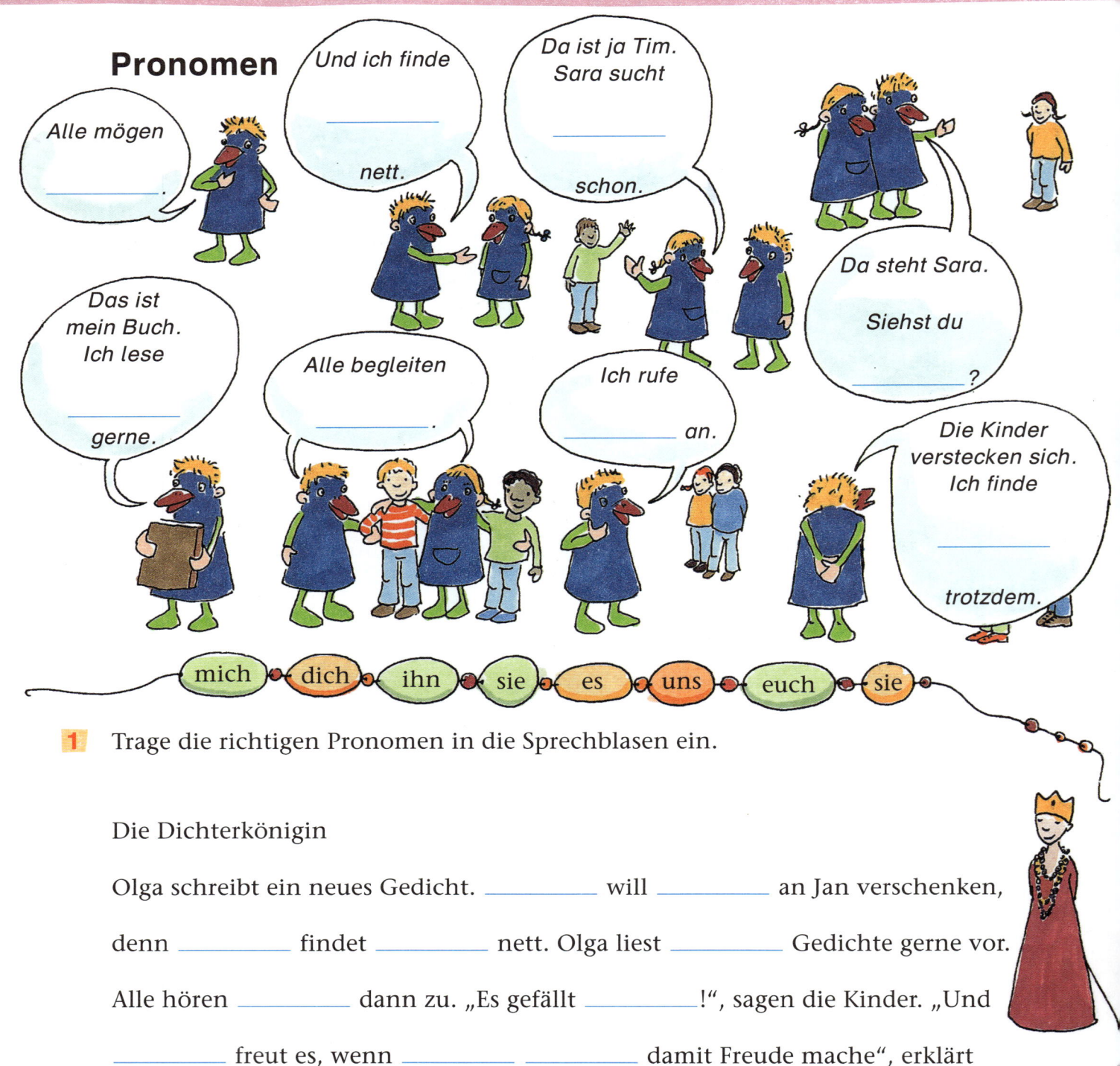

Olga schreibt ein neues Gedicht. _____ will _____ an Jan verschenken, denn _____ findet _____ nett. Olga liest _____ Gedichte gerne vor. Alle hören _____ dann zu. „Es gefällt _____!", sagen die Kinder. „Und _____ freut es, wenn _____ _____ damit Freude mache", erklärt Olga. „Dafür sollte man _____ zur Dichterkönigin wählen!", schlägt der kleine Ernst vor.

mich • dich • ihn • sie • es • uns • ihre • ihr • ich • sie • euch

2 Trage die Pronomen ein. Streiche im Kasten immer das Pronomen durch, das du eingesetzt hast.

Pronomen (Flexionsformen)

In der Bibliothek

Bi	fin	Ku	bi ne	Ma	sik
Rep	bel	Ka	dil	Ro	til
Bi	bel	Ma	ri ne	Apfel	i ne
Del	ber	Ka	di ne	Ru	si ne
Jas	min	Gar	si ne	Ven	si ne
Fi	ger	Kro ko	nin chen	sta	bil
Ti	til	Öl sar	di ne	Mu	schi ne

1 Verbinde die Silben zu Wörtern.

Bibel,

2 Schreibe die Wörter richtig auf. Markiere immer das *i*.

Vitrine Kamin Mandarine Ruine Theater Rechtswissenschaft Vater
Gedicht gelten deutsch berühmt privat unzählig manchmal ihn selbst

3 Schreibe zu jedem Bild das passende Wort. Verwende die Wörter aus dem Kasten.

4 Acht Wörter bleiben übrig. Schreibe sie auf.

Wörter mit langem unmarkierten *i*; Übungswörter

UMWELTFREUNDE

Am Feldbach

Am frühen Nachmittag trafen sich die Umweltfreunde am flachsten Abschnitt des Feldbachs. Er eignete sich für eine genauere Untersuchung. Laura hatte ihren neuen Kescher mitgebracht. Sie stieg in den kühlen Bach
5 und führte den Kescher mit seinem langen Stiel neben dem dicksten Stein durch das klare Wasser. Dann leerte sie ihn in ihre helle Schale. „Seht mal!", rief sie, „eine kleine Eintagsfliegenlarve und ein großer Flohkrebs."

1 Unterstreiche die Adjektive.

Grundform Grundstufe	1. Vergleichsform 1. Vergleichsstufe	2. Vergleichsform 2. Vergleichsstufe
früh	früher	am frühesten

2 Trage die Adjektive in die Tabelle ein und ergänze die fehlenden Formen.

44 Vergleichsformen/-stufen der Adjektive

Am Wasser

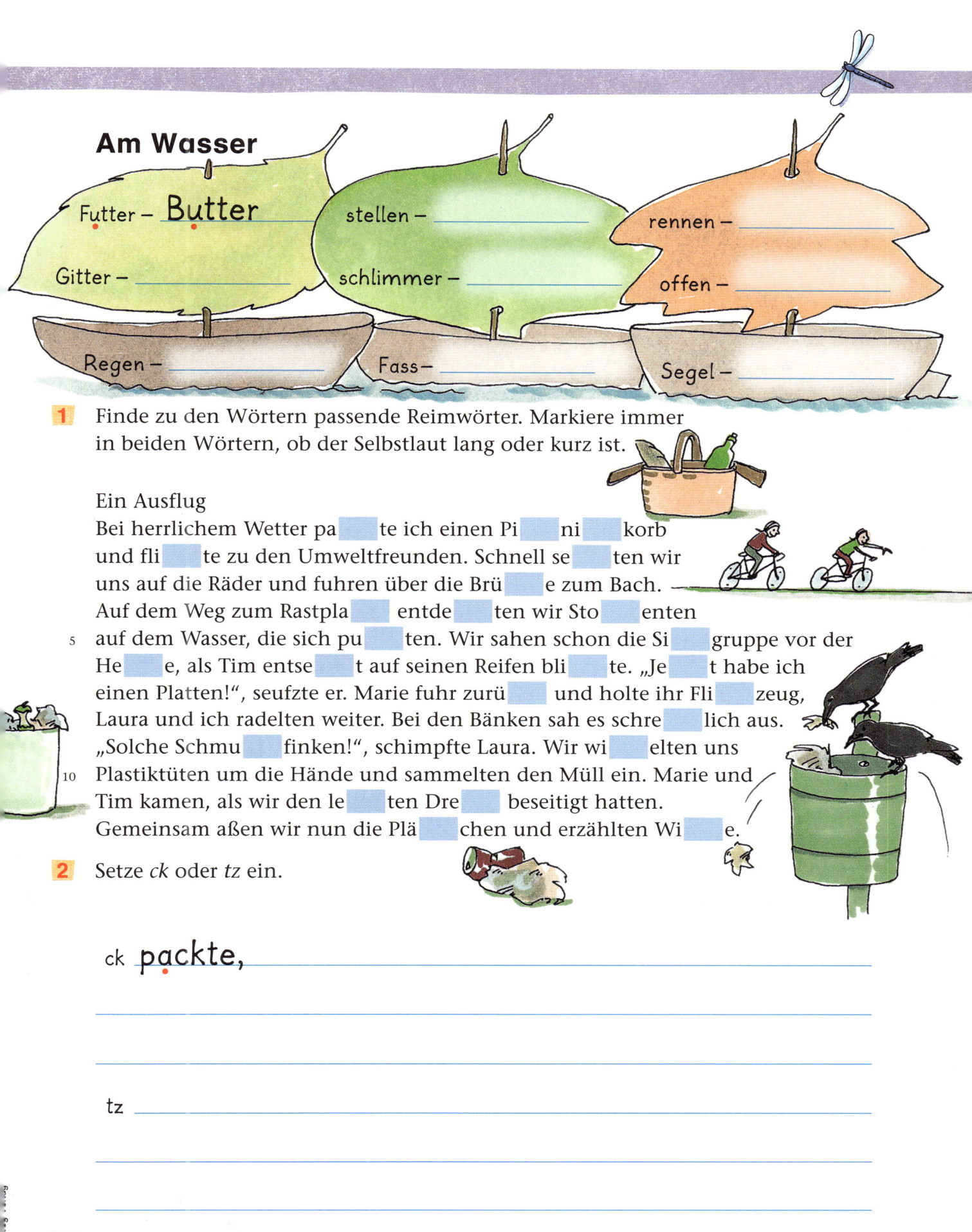

Futter – Butter
Gitter – ___

stellen – ___
schlimmer – ___

rennen – ___
offen – ___

Regen – ___
Fass – ___
Segel – ___

1 Finde zu den Wörtern passende Reimwörter. Markiere immer in beiden Wörtern, ob der Selbstlaut lang oder kurz ist.

Ein Ausflug
Bei herrlichem Wetter pa___te ich einen Pi___ni___korb und fli___te zu den Umweltfreunden. Schnell se___ten wir uns auf die Räder und fuhren über die Brü___e zum Bach. Auf dem Weg zum Rastpla___ entde___ten wir Sto___enten
5 auf dem Wasser, die sich pu___ten. Wir sahen schon die Si___gruppe vor der He___e, als Tim entse___t auf seinen Reifen bli___te. „Je___t habe ich einen Platten!", seufzte er. Marie fuhr zurü___ und holte ihr Fli___zeug, Laura und ich radelten weiter. Bei den Bänken sah es schre___lich aus. „Solche Schmu___finken!", schimpfte Laura. Wir wi___elten uns
10 Plastiktüten um die Hände und sammelten den Müll ein. Marie und Tim kamen, als wir den le___ten Dre___ beseitigt hatten. Gemeinsam aßen wir nun die Plä___chen und erzählten Wi___e.

2 Setze *ck* oder *tz* ein.

ck packte, ___

tz ___

3 Schreibe die Wörter mit *ck* und *tz* geordnet auf und markiere, ob der Selbstlaut vor *ck* und *tz* lang oder kurz ist.

Wörter mit -*ck*, -*tz* und Doppelkonsonanz **45**

Umweltfreunde

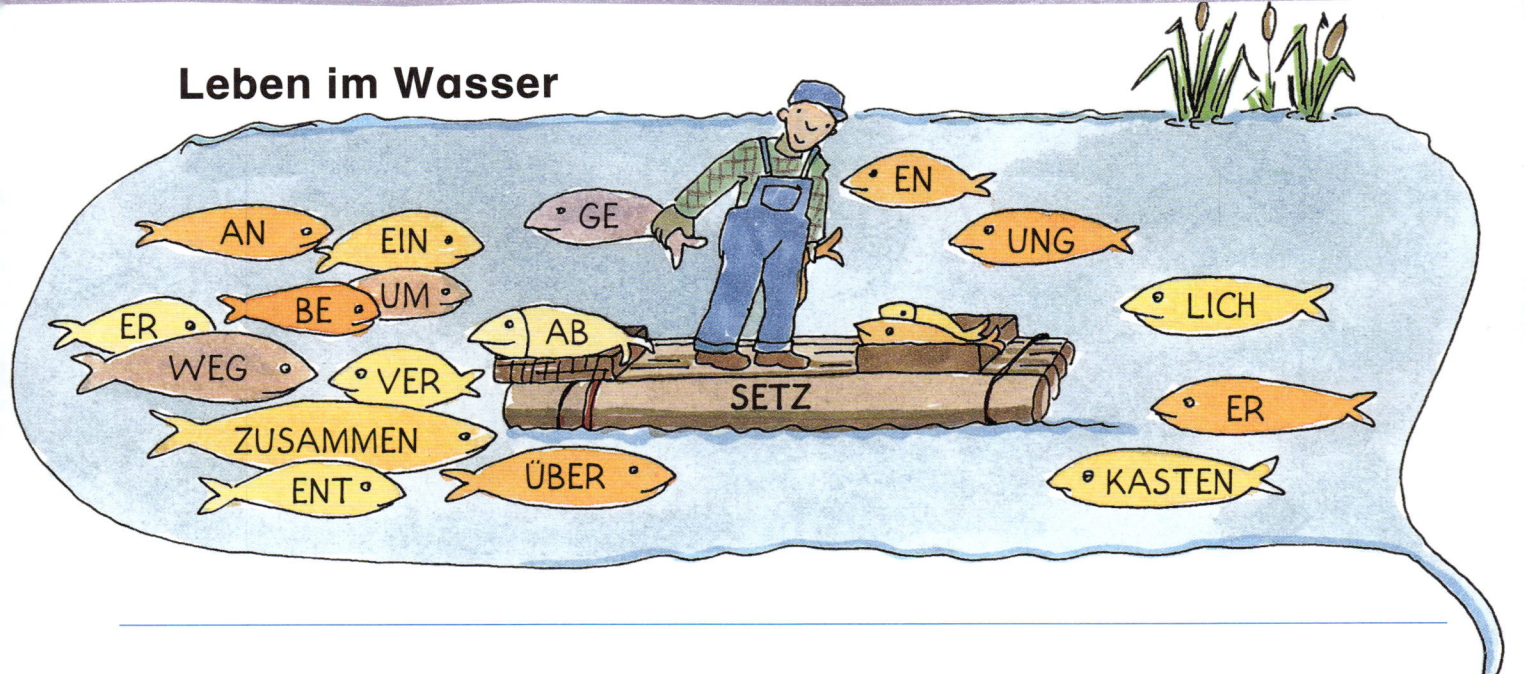

Leben im Wasser

Prefixes/suffixes on fish: AN, EIN, GE, EN, ER, BE, UM, UNG, WEG, VER, AB, LICH, ZUSAMMEN, SETZ, ER, ENT, ÜBER, KASTEN

1 Schreibe die Wörter der Wortfamilie SETZ auf.

Brücke Gewässer Pflanzen Umweltschutz kippen setzen strecken spritzen verstecken schmutzig vorsichtig

Tim und Laura ☐☐☐☐☐ sich auf die ☐☐☐☐☐. Sie schauen auf die ☐☐☐☐☐☐☐ im ☐☐☐☐☐☐☐☐. Das Wasser ☐☐☐☐☐☐, als ein Frosch hineinhüpft und sich im Ufergras ☐☐☐☐☐☐☐☐☐. „☐☐☐☐☐☐☐☐☐☐☐ ist eine wichtige Aufgabe", sagt Tim. Die Kinder denken an ihre Bach-Aktion im

5 Sommer. Sie freuen sich, dass jetzt niemand mehr ☐☐☐☐☐☐☐☐ Abfälle ins Wasser ☐☐☐☐☐☐. Laura ☐☐☐☐☐☐☐ ihren Arm aus und greift ☐☐☐☐☐☐☐☐☐ nach einem Wasserkäfer. Doch der schwimmt schnell davon.

2 Setze die Wörter richtig ein und hake sie ab.

46 Wortfamilie SETZ; Übungswörter

BILDER LESEN

Farbbilder oder Bilderfarbe?

der Bergschuh,

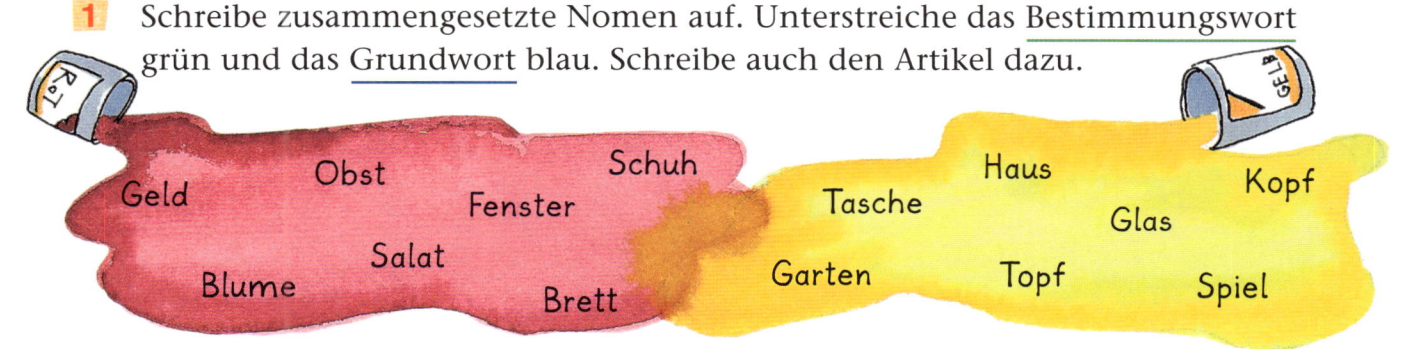

___

1 Schreibe zusammengesetzte Nomen auf. Unterstreiche das Bestimmungswort grün und das Grundwort blau. Schreibe auch den Artikel dazu.

Geld, Obst, Fenster, Schuh, Salat, Blume, Brett

Tasche, Haus, Garten, Topf, Glas, Kopf, Spiel

die Geldtasche – das Taschengeld,

___

2 Schreibe nur die zusammengesetzten Nomen auf, bei denen du die Nomen wie im Beispiel vertauschen kannst. Schreibe immer auch den Artikel dazu.

3 Unterstreiche immer das Bestimmungswort grün und das Grundwort blau.

4 Schreibe mit einem Beispiel aus Aufgabe 2 zwei sinnvolle Sätze in dein Heft.

zusammengesetzte Nomen (Grund- und Bestimmungswort)

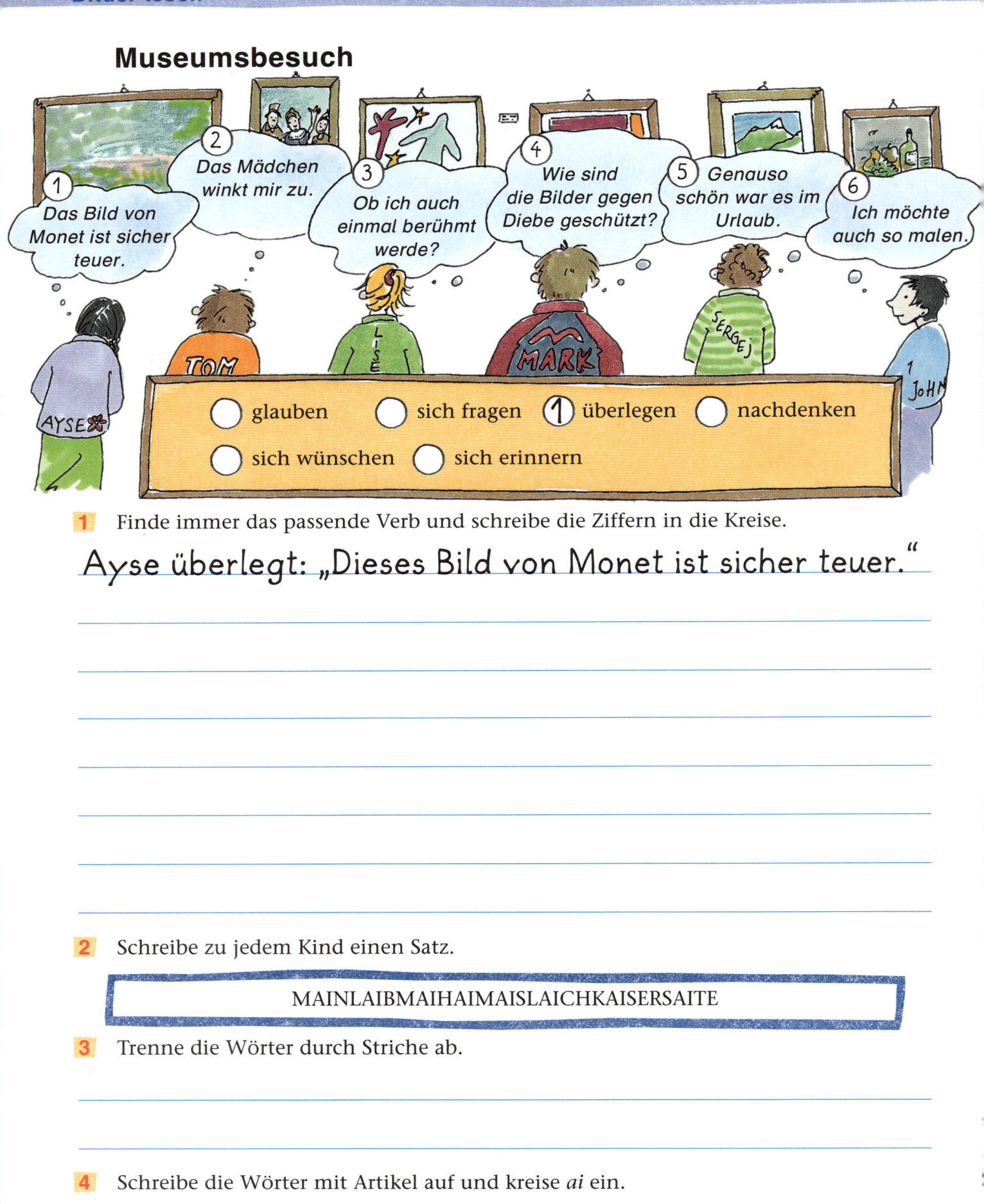

Bilder lesen

Museumsbesuch

1. Das Bild von Monet ist sicher teuer.
2. Das Mädchen winkt mir zu.
3. Ob ich auch einmal berühmt werde?
4. Wie sind die Bilder gegen Diebe geschützt?
5. Genauso schön war es im Urlaub.
6. Ich möchte auch so malen.

Kinder: AYSE, TOM, LISE, MARK, SERGEJ, JOHN

○ glauben ○ sich fragen ① überlegen ○ nachdenken
○ sich wünschen ○ sich erinnern

1 Finde immer das passende Verb und schreibe die Ziffern in die Kreise.

Ayse überlegt: „Dieses Bild von Monet ist sicher teuer."

2 Schreibe zu jedem Kind einen Satz.

MAINLAIBMAIHAIMAISLAICHKAISERSAITE

3 Trenne die Wörter durch Striche ab.

4 Schreibe die Wörter mit Artikel auf und kreise *ai* ein.

48 Wortfeld *denken*, wörtliche Rede, Wörter mit *ai*

Bilder lesen

(Bilderrahmen mit: Klecks, hinterrücks, knacksen, glucksen, Knicks, hälksen(?), schnurstracks, tricksen)

1. Setze die Wörter auf den Bildern richtig zusammen und schreibe sie auf.
2. Kreise das *cks* ein und sprich dir die Wörter laut vor.

3. Ordne die Wörter von Aufgabe 1 nach dem ABC und schreibe sie auf.

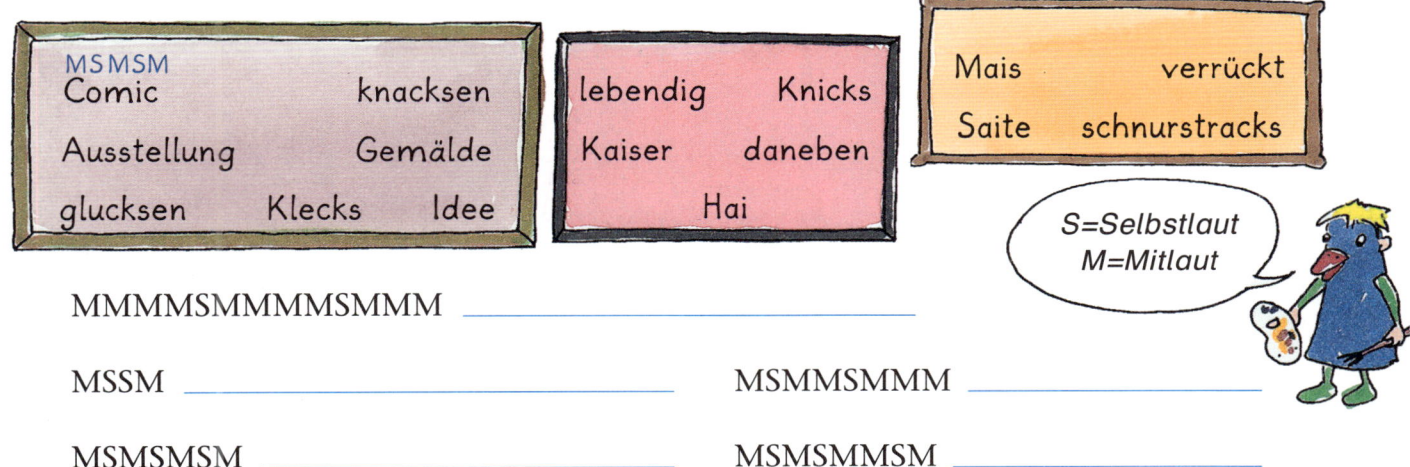

MSMSM		
Comic	knacksen	
Ausstellung	Gemälde	
glucksen	Klecks	Idee

lebendig	Knicks
Kaiser	daneben
	Hai

Mais	verrückt
Saite	schnurstracks

S = Selbstlaut
M = Mitlaut

MMMMSMMMMSMMM _____

MSSM _____   MSMMSMMM _____

MSMSMSM _____ MSMSMMSM _____

MSSMSM _____   MSMSMMS _____

SSMMMSMMSMM _____   MSSMS _____

MSMSM Comic _____   SMSS _____   MSS _____

4. Trage die Wörter aus den Bilderrahmen richtig ein und hake sie ab. Es hilft dir, wenn du über die Wörter in den Bilderrahmen die Geheimschrift schreibst.

5. Welche vier Wörter aus den Bilderrahmen hast du noch nicht aufgeschrieben?

Wörter mit *cks*, Übungswörter

MEDIEN

Wie ein Film entsteht

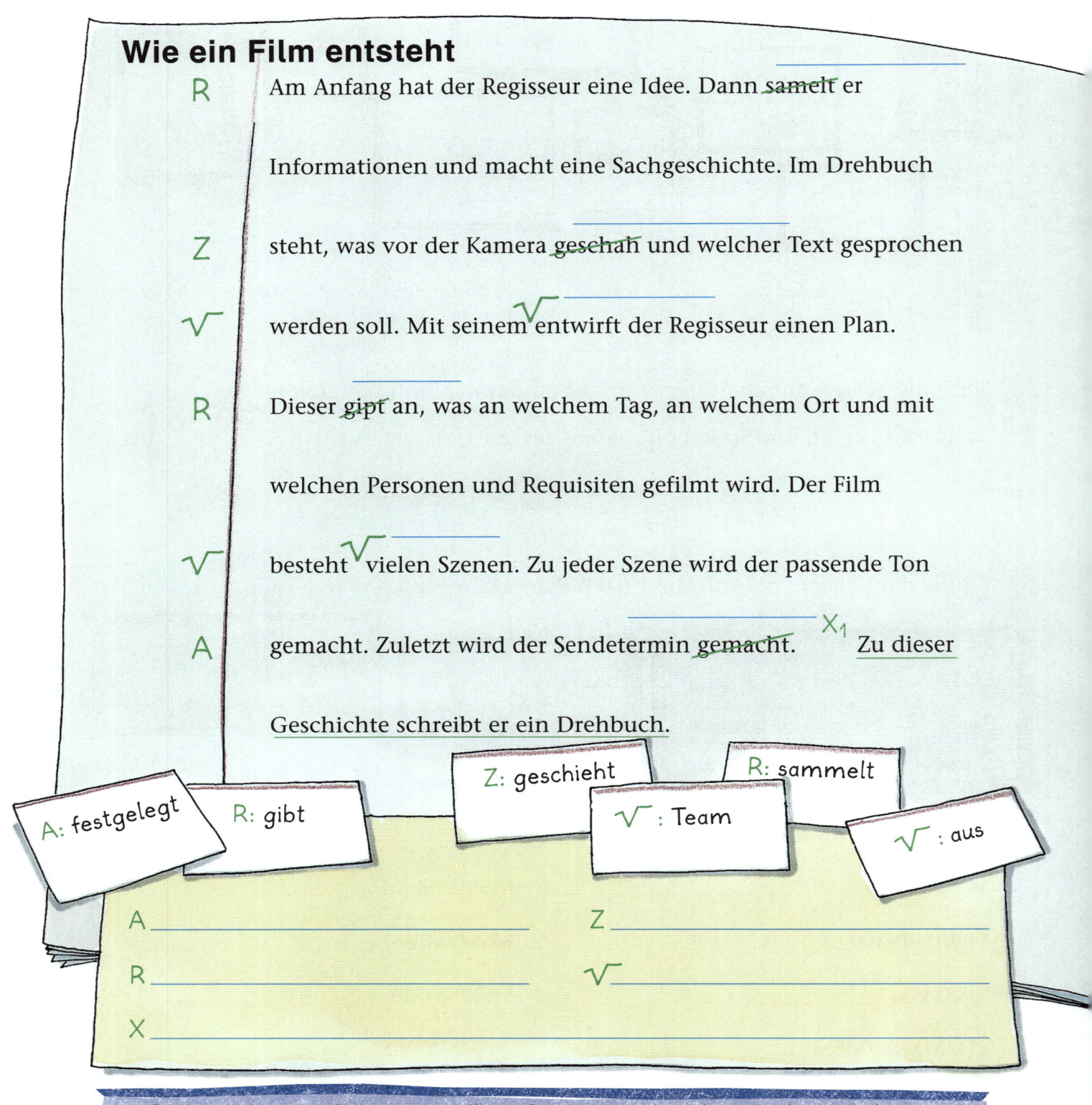

R Am Anfang hat der Regisseur eine Idee. Dann samelt er

Informationen und macht eine Sachgeschichte. Im Drehbuch

Z steht, was vor der Kamera geschah und welcher Text gesprochen

√ werden soll. Mit seinem entwirft der Regisseur einen Plan.

R Dieser gipt an, was an welchem Tag, an welchem Ort und mit

welchen Personen und Requisiten gefilmt wird. Der Film

√ besteht √ vielen Szenen. Zu jeder Szene wird der passende Ton

A gemacht. Zuletzt wird der Sendetermin gemacht. X₁ Zu dieser

Geschichte schreibt er ein Drehbuch.

A: festgelegt   R: gibt   Z: geschieht   √: Team   R: sammelt   √: aus

A _____   Z _____

R _____   √ _____

X _____

Reihenfolge der Sätze umstellen   Rechtschreibfehler   fehlende Wörter
treffenderer Ausdruck   falsche Zeit

1 Was bedeuten die Korrekturzeichen? Trage die Erklärungen richtig ein.

2 Verbessere den Bericht mit Hilfe der Wörter auf den Karten.
Wohin gehört der verstellte Satz? Markiere die richtige Stelle mit X₁√.

50 Korrekturzeichen

Wie ein Film entsteht

1 Schreibe den korrigierten Text von Seite 50 schön ab.

Bär _____ vorwärts _____ Träne _____

Käfig _____ während _____ Lärm _____

März _____ schräg _____ Käfer _____

sägen _____ spät _____ Mädchen _____

2 Schreibe die halb ausradierten Wörter richtig ab. Markiere immer das *ä*.

Texte korrigieren; Wörter mit *ä* (ohne Stammableitung)

Medien

Auf dem Monitor

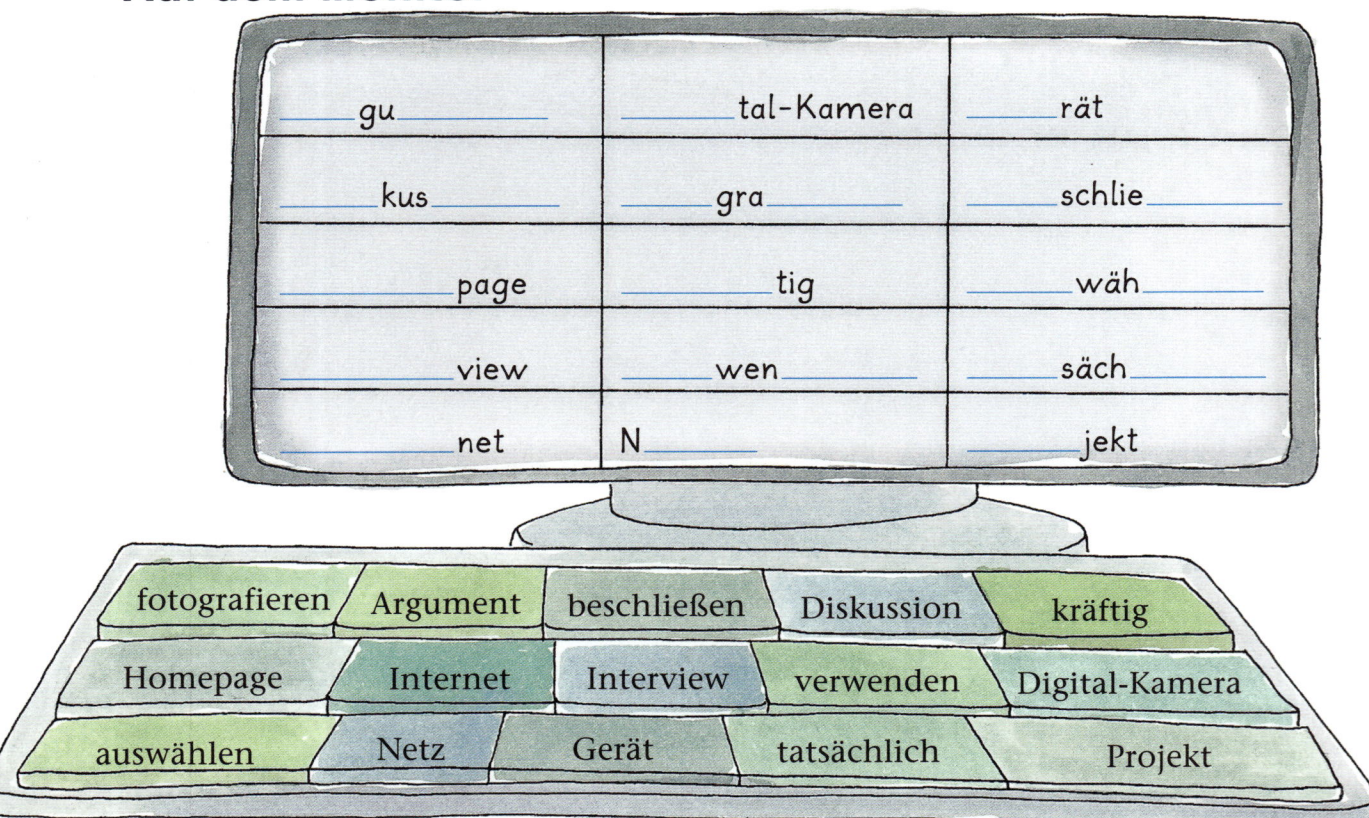

gu___	___tal-Kamera	___rät
___kus___	___gra___	___schlie___
___page	___tig	___wäh___
___view	___wen	___säch___
___net	N___	___jekt

Tastatur: fotografieren, Argument, beschließen, Diskussion, kräftig, Homepage, Internet, Interview, verwenden, Digital-Kamera, auswählen, Netz, Gerät, tatsächlich, Projekt

1 Trage die Wörter von der Tastatur an den richtigen Stellen im Monitor ein.

2 Male die Felder mit den Nomen rot aus. Welchen Buchstaben erhältst du? _____

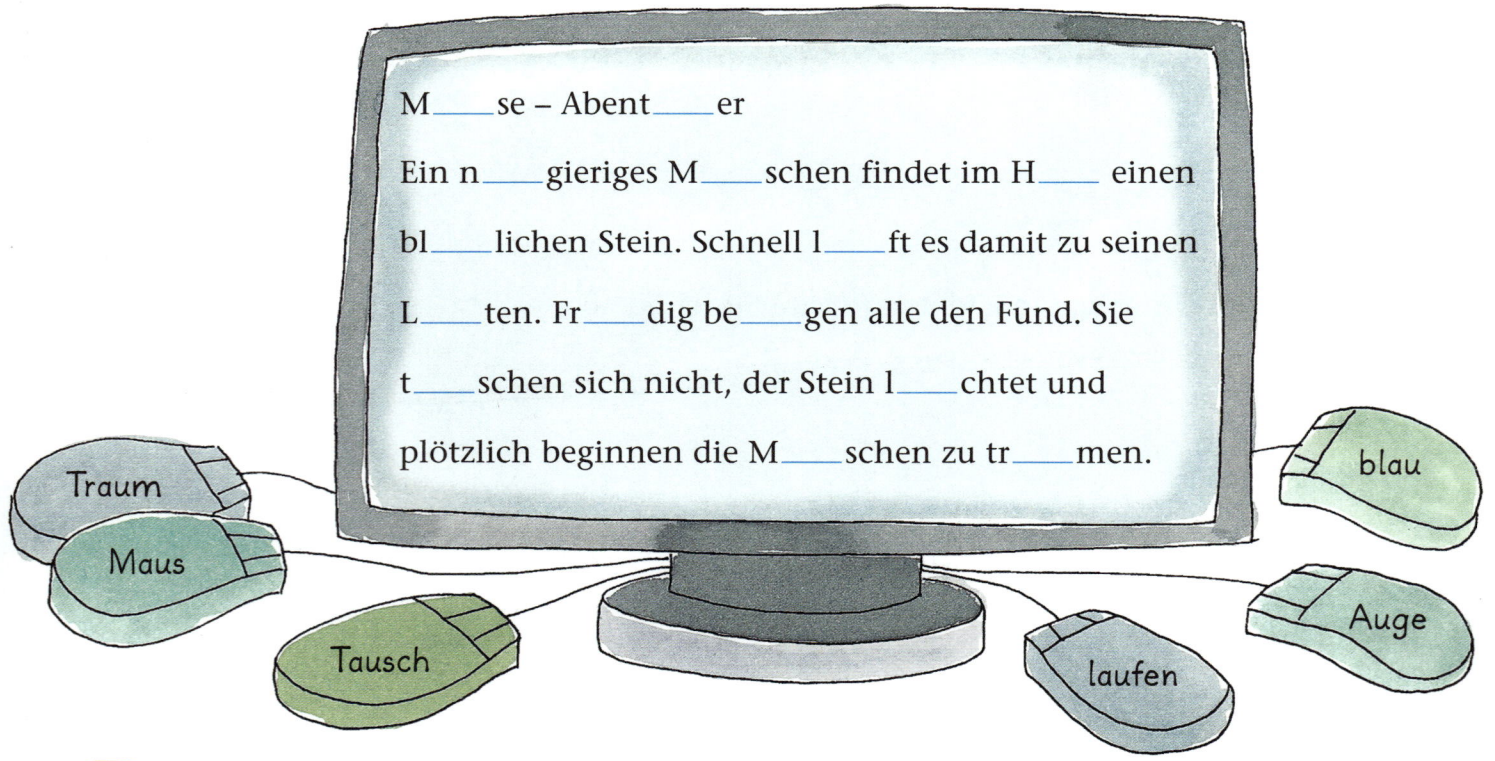

M___se – Abent___er

Ein n___gieriges M___schen findet im H___ einen bl___lichen Stein. Schnell l___ft es damit zu seinen L___ten. Fr___dig be___gen alle den Fund. Sie t___schen sich nicht, der Stein l___chtet und plötzlich beginnen die M___schen zu tr___men.

Mäuse: Traum, Maus, Tausch, blau, Auge, laufen

3 Entscheide, ob du *äu* oder *eu* einsetzen musst. Die verwandten Wörter helfen dir.

Wörter mit *äu* und *eu*; Übungswörter

VAMPIRE

Ein Zahnarztbesuch

Dr. Schädlich
Zahnarzt

Ein bisschen mulmig ist mir schon.

Mein letzter Termin war vor 100 Jahren.

Bei kaltem Blutorangensaft tut mein rechter Eckzahn weh.

Aber dann gleich beide, sonst sieht es komisch aus.

Warum denn das?

Ich weiß! Mein Urgroßvater hat damals lange auf Sie gewartet.

Ich werde den Eckzahn wohl ein wenig abfeilen.

Desmodus

jammern   sich wundern   erwidern   antworten   fragen
vorschlagen   meinen   gestehen   erklären   klagen   bitten

1 Schreibe das Gespräch auf. Verwende vorangestellte und nachgestellte Begleitsätze. Achte auf die richtigen Satzzeichen.

wörtliche Rede; Wortfeld *sagen*

Vampire

Nächtliche Reise

sie schwebte
fliegen
sie ist geschwebt
er fliegt   er ist geflogen   schweben
          er wird fliegen   sie schwebt
wir beißen   er flog   sie wird schweben
   wir bissen
            beißen   ich schlafe   schlafen
   wir werden beißen   ich schlief
         wir haben gebissen   ich werde schlafen
du trinkst   ich habe geschlafen
      du trankst
du hast getrunken
           trinken
      du wirst trinken

Grundform	Gegenwart	einfache Vergangenheit
fliegen	er fliegt	er flog

zusammengesetzte Vergangenheit
er ist geflogen

Zukunft
er wird fliegen

1 Schreibe die Verbformen aus den Wolken an die richtige Stelle.

Zeitformen der Verben

Die Gruft der Vampire

Wessen Schlafsack liegt auf dem Sarg? – der Schlafsack des Großvaters

Schlafsack – liegen   Gebiss – schwimmen
Zeiger – fehlen   Bilder – hängen   Schatten – sehen
Schaukelstuhl – knarren   Klingel – ertönen

des Großvaters
der Uhr
der Tante Notburga
der Vampire
der Gruft
des Hundes
der Großmutter

<u>Wessen Schlafsack liegt auf dem Sarg? – der Schlafsack des Großvaters</u>

1 Schreibe die Fragen von Jonas und die Antworten von Viktor auf. Die Wörter auf dem Sarg und der Uhr helfen dir. Unterstreiche die Nomen im Wessen-Fall.

Genitiv

Vampire

Knoblauchgenuss

Sü____er Knoblauchgenu____ – blo____ ein hei____er Ku____ und der Vampir wird bla____ und schwei____na____!

```
z e r r e i ß e n U V Y F l o s s e m b J D f E s
r i s s i g O m R e i ß z a h n T x g i e ß e n g
f k H I d r e i ß e n J E I O G i e ß e r e i Z i
I J h G i e ß k a n n e d z x g e f l o s s e n u
o I b s E Z u c k e r g u s s f l ü s s i g ß i ß
s b t f l i e ß e n J e g e g o s s e n u x e K e
s R e i ß v e r s c h l u s s F l u s s y S n A n
```

1 Setze ss und ß richtig in Quiesels Sprechblase ein.

2 Suche zu den farbigen Wörtern aus dem Gitter immer die vier passenden Wörter aus der gleichen Wortfamilie. Unterstreiche sie in derselben Farbe.

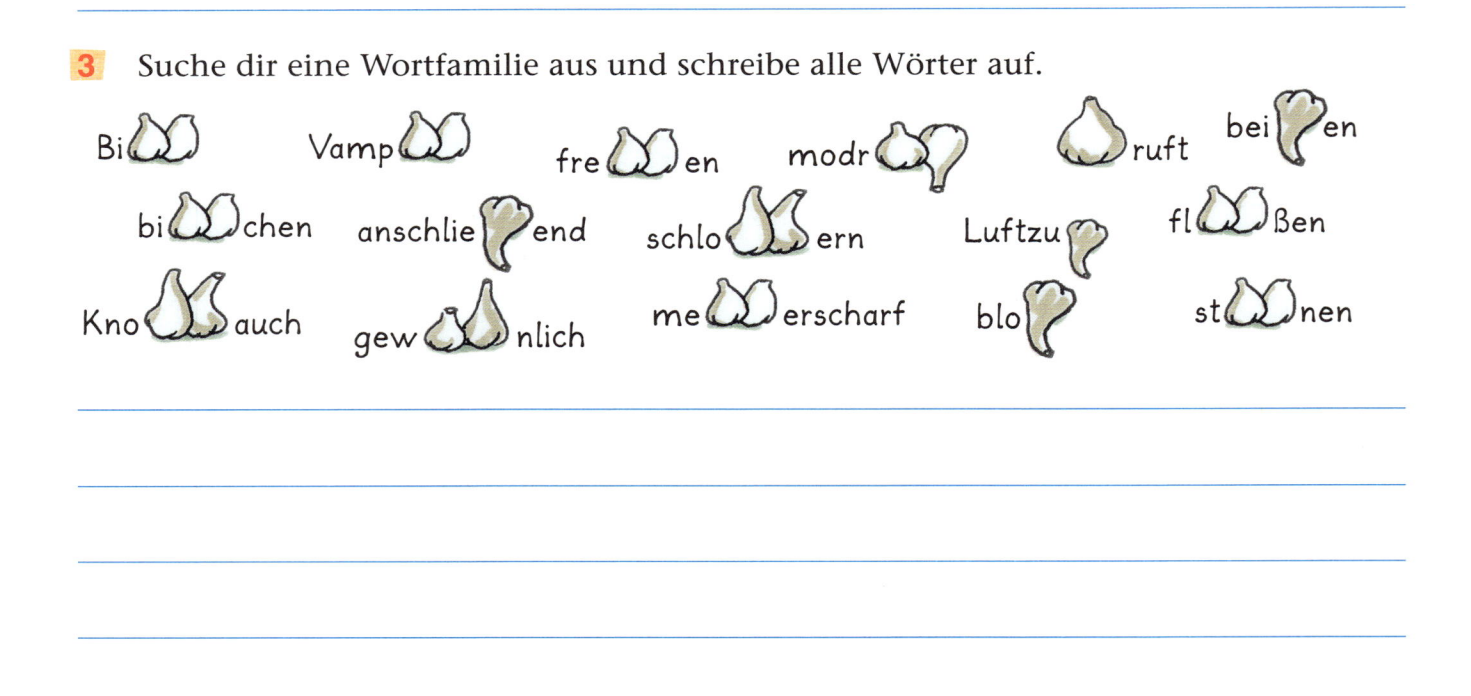

3 Suche dir eine Wortfamilie aus und schreibe alle Wörter auf.

Bi__en   Vamp____   fre__en   modr____   __ruft   bei__en

bi__chen   anschlie__end   schlo__ern   Luftzu__   fl__ßen

Kno__auch   gew__nlich   me__erscharf   blo__   st__nen

4 Schreibe alle Wörter richtig auf. Schreibe bei den Nomen auch die Artikel dazu.

5 Kontrolliere die Wörter mit der Wörterliste oder dem Wörterbuch.

56 Wörter mit ß/ss; Wortfamilien; Übungswörter

BEWEGUNG

Könner auf zwei Rädern

indiesemmomenthabensichdiekindermitdemradaufgestelltwann
gehtdiegeschicklichkeitsfahrtloswerwirdgewinnenlukasstartetoberden
slalomschafftprimanunsollensiewassertragenlukasfährtdichtandashindernis
ergreiftzumglaswummwaswardaseinmitgasgefüllterluftballonistgeplatzt
soeinpechaberwasseheichlukasdarfnocheinmalandenstartfahren

---

1 Trenne die Wörter mit Strichen ab.

2 Markiere immer das Satzende mit einem Strich in einer anderen Farbe.

3 Schreibe den Text auf. Entscheide, welche Satzzeichen du setzen musst und schreibe die Nomen und die Satzanfänge groß.

Satzarten und Satzzeichen

Bewegung

Beim Sport

Die Schwimmhalle ist neu. Das Sprungbrett der Halle ist hoch. Tim steigt die Leiter hinauf. Er erreicht das Sprungbrett. Tim winkt Laura. Die Pfeife des Lehrers ertönt. Nun fehlt dem Jungen der Mut zum Sprung. Seine Freundin tröstet ihn mit einem Eis.

Wer oder was ist neu? – die Schwimmhalle

___

1 Stelle fest, in welchem Fall die unterstrichenen Wörter stehen. Schreibe dazu die Fragen und die Antworten auf.

_____ ist schräg in die Sprossenwand eingehängt.

Auf ihr müssen sich _____ nach oben ziehen.

Dann klettern sie an _____ hinab. Die Reifen

auf _____ stellen Inseln dar. Die dicken Taue an

_____ sind Lianen. Die Knoten _____

dienen als Fußstützen. Mit _____

springt man auf den Kasten. Von hier aus balanciert man auf

_____ zur Bodenmatte.

Bank
Kind
Sprosse
Boden
Decke
Tau
kleines Trampolin
Langbank

2 Trage die Wörter im richtigen Fall in den Text ein. Achte darauf, ob du die Einzahl oder die Mehrzahl verwenden musst. Vergiss auch die Artikel nicht.

58 Nomen in den vier Fällen

Der neue Spielplatz

„Treffpunkt Sp__lw__se?", fragte Lars __n d__ Runde. „Klar, d__ v__r neuen Geräte s__nd s__cher schon aufgebaut", r__f Anne. Auf dem Sp__lplatz best__gen d__ K__nder neug__r__g das Klettergerüst. „Z__ml__ch hoch!", meinte Anne und beugte s__ch t__f über d__ obere Stange. Lars zog s__ m__t einem kräft__gen Ruck zurück. „N__mand hat gesagt, dass du h__nabfl__gen sollst!", gr__nste er.

1 Setze *i* oder *ie* ein und schreibe den Text ab.

Der Wettlauf führt vom Start zum ____ ,

ich esse gerne Eis am ____ .

Bist du sehr groß, nennt man dich ____ ,

Fußball spielt man auf der ____ .

Komm, wir wollen Handball ____ ,

beim Torwurf musst du sehr gut ____ .

Du liegst gemütlich auf der ____ ,

plötzlich ärgert dich die ____ .

2 Löse das Rätsel. Lösungswort:

Wörter mit *ie*   **59**

Bewegung

Sportsprache

Meister in einer Sportart — Mannschaft — Wettkämpfer — Berufssportler — Endspiel — Dauerlauf — Sportfeld — unsportliches Verhalten — begeisterter Anhänger

Profi Team Champion Stadion Fan Finale Foul Jogging Athlet

Profi = _____

1 Schreibe zu den Fremdwörtern vom Schwebebalken die Erklärungen.

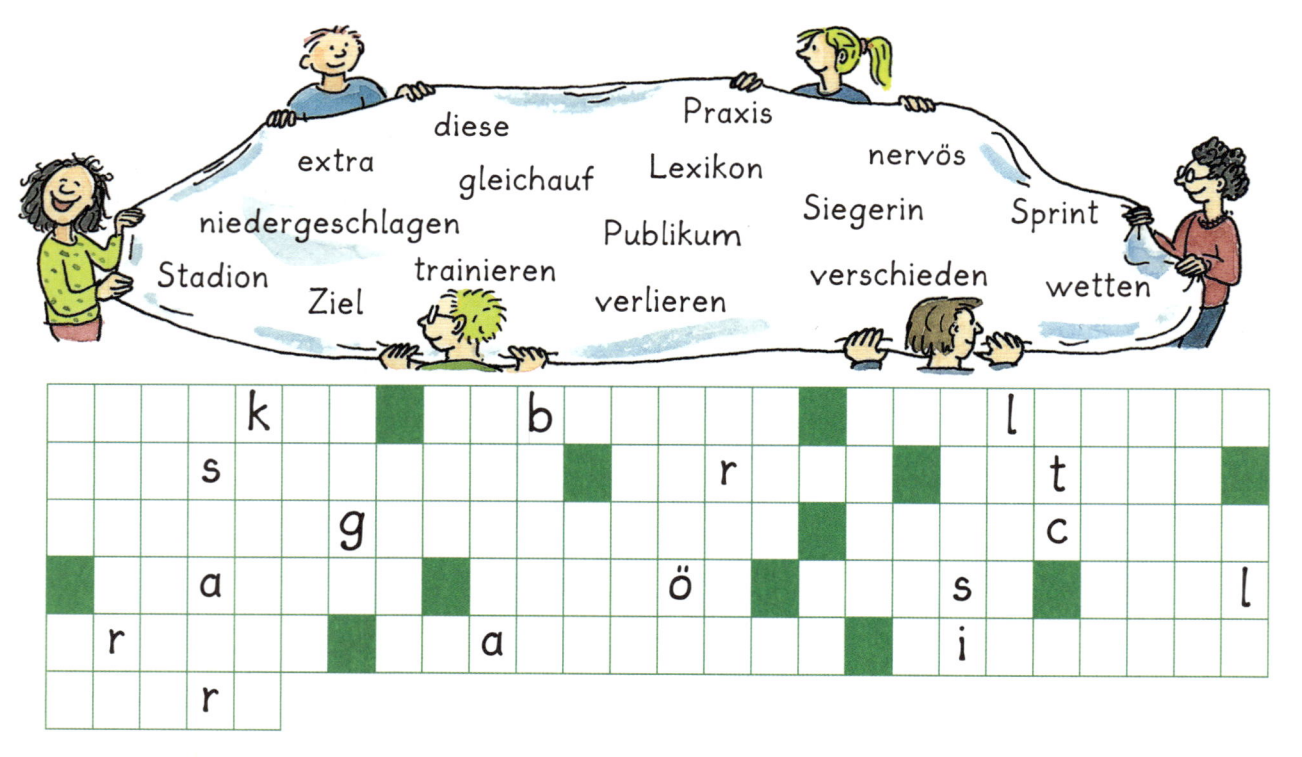

Wörter vom Tuch: diese, extra, gleichauf, Praxis, Lexikon, nervös, niedergeschlagen, Publikum, Siegerin, Sprint, Stadion, trainieren, verlieren, verschieden, wetten, Ziel

2 Trage die Wörter vom Tuch richtig in die Felder ein.

60 Fachbegriffe des Sports; Übungswörter

KLASSENZEITUNG

Sportbericht

> Zum Fußballturnier der Grundschulen hat jede Schule ihre beste Mannschaft geschickt. Es sind viele tolle Tore gefallen. Unsere Mannschaft hat einen guten dritten Platz erreicht. Gewonnen hat die Diesterweg-Schule. Der Bürgermeister hat den Pokal überreicht. Es ist alles fair verlaufen.

1 Unterstreiche immer die beiden Teile des Prädikats rot.

zusammengesetzte Vergangenheit	einfache Vergangenheit
sie hat geschickt	sie schickte
es	
sie	
sie	
er	
es	

2 Trage die Verben aus der Sprechblase in die Tabelle ein. Setze sie in die einfache Vergangenheit.

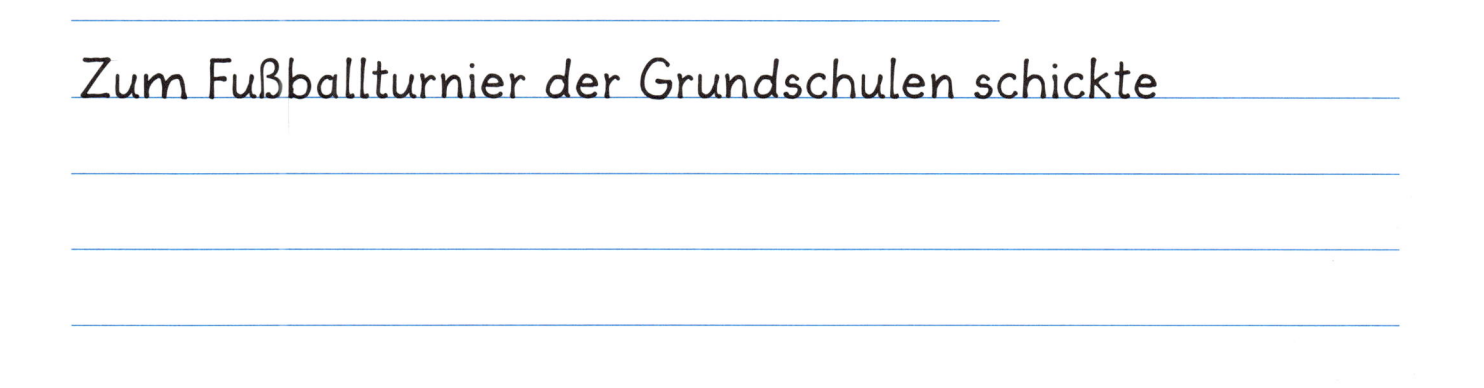

Zum Fußballturnier der Grundschulen schickte

3 Schreibe den Bericht vom Fußballturnier für die Zeitung auf. Finde auch eine passende Überschrift.

Klassenzeitung

Zeitungssprache

- Beitrag in einer Zeitung
- Das Bild auf dem Deckblatt
- Dort arbeiten die Redakteure.
- Geschichte
- Er schreibt die Artikel.
- sachliche Information über ein Ereignis
- Fotos in den Computer einlesen
- Überschrift in großen Buchstaben
- Befragung
- Bildergeschichte mit Sprechblasen
- jemand, der von Ereignissen direkt berichtet
- Anordnung von Texten und Bildern
- Werbung in einer Zeitung
- Er macht die Bilder.

Redaktion Fotograf Journalist Bericht Interview Schlagzeile Reporter
Comic Story Layout einscannen Annonce Artikel Titelbild

1 Löse das Rätsel mit den Wörtern aus dem Kasten.

2 Das Lösungswort heißt:

5: _____
6: _____
7: _____
8: _____
9: _____
10: _____
11: _____

3 Schreibe die Wörter aus dem Kasten nach der Anzahl der Buchstaben auf.

62 Fachbegriffe; Fremdwörter

Zeitungsrätsel

WIRHABENUNSFÜREUCHEINIGERÄTSELAUSGEDACHTHOFFENTLICHERRATETIHRALLES
WIRWÜNSCHENEUCHVIELGLÜCKUNDFREUDE!

1 Schreibe die Botschaft richtig auf. Achte auf die Großschreibung.

Äpfel   läben   Läser

Klëber   mächtig   mähr

näben   brämsen   kämmen

Fäder   Gänse   ässen

männlich   Fäden   färben

2 Löse das linke Rätsel. Gesucht sind Wörter mit d/t, g/k oder b/p am Wortende.

Apfel – Äpfel, Kleber,

3 Entscheide, ob du e oder ä einsetzen musst. Suche zu jedem Wort mit ä ein verwandtes Wort mit a und schreibe beide Wörter auf.

Satzgrenzen; Auslautverhärtung; Wörter mit ä

	Sprache untersuchen	**Rechtschreiben**
Sprachen verstehen S. 4–7	Fremdwörter; Worterklärungen 4; Subjekt und Prädikat; Umstellprobe 5; Wörterlisten in Fremdsprachen 6; Wortfamilien 7	Nachschlagen 6; Übungswörter 7
Am Meer S. 8–10	Stichworte notieren 8; Perfekt und Imperfekt 9	Wörter mit ss/ß; doppelter Konsonant; Übungswörter 10
Abenteuer S. 11–13	Wen-oder-was-Ergänzung 11; Nomen mit -ung, -heit, -keit, -schaft, -tum und -nis/nisse 12	Übungswörter; Silben 13
Sich vertragen S. 14–17	Nomen: Konkreta und Abstrakta 14; Wortfeld sagen; wörtliche Rede mit vor- und nachgestelltem Begleitsatz 15; Vorsilben bei Verben 16	Vorsilben bei Verben (scheinbare Konsonantenverdopplung) 16; Übungswörter 17
Werbung S. 18–20	Adjektivkomposita 18	Auslautverhärtung bei Nomen; Konsonantenverhärtung bei Verben 19; Übungswörter 20
Feuer S. 21–23	Wem-Ergänzung; Satzglieder 21; Wortfelder Feuer, Wasser und brennen 22; Wortfamilie brennen 23	Übungswörter 23
Schrift und Schreiben S. 24–26	Anredepronomen in Briefen 24	Wörter mit silbentrennendem h 25; Übungswörter 26
Tiere im Winter S. 27–30	Stichworte herausschreiben 27; Satzverknüpfung mit weil 28; Ortsergänzung und Zeitergänzung 29; Wortfamilien wechseln und wachsen 30	Komma bei Nebensätzen 28; Übungswörter 30
In fernen Ländern S. 31–33	zweiteilige Prädikate; Wortbausteine 31; Pronomen 32	Wörter mit Dehnungs-h; Übungswörter 33
Berufe S. 34–36	Zeitadverbien; Verben im Futur 34; Präpositionen und der Wem- und der Wen-Fall 35	Komma bei Aufzählungen; Übungswörter; Alphabet 36
Ritter S. 37–39	Redensarten 37; Oberbegriffe/Sammelnamen 38	Wörter mit ks 38; Übungswörter; Wörter mit v und Wörter mit ks 39
Dichterwerkstatt S. 40–43	Wortfelder lachen und essen 40; Nomen in den vier Fällen 41; Pronomen (Flexionsformen) 42	Wörter mit langem unmarkiertem i; Übungswörter 43
Umweltfreunde S. 44–46	Vergleichsformen/-stufen der Adjektive 44; Wortfamilie SETZ 46	Wörter mit -ck, -tz und Doppelkonsonanz 45; Übungswörter 46
Bilder lesen S. 47–50	zusammengesetzte Nomen (Grund- und Bestimmungswort) 47; Wortfeld denken; wörtliche Rede 48	Wörter mit ai 48; Wörter mit cks; Übungswörter 49
Medien S. 50–52	Korrekturzeichen 50; Texte korrigieren 51	Wörter mit ä (ohne Stammableitung) 51; Wörter mit äu und eu; Übungswörter 52
Vampire S. 53–56	wörtliche Rede, Wortfeld sagen 53; Zeitformen der Verben 54; Genitiv 55	Wörter mit ß/ss; Wortfamilien; Übungswörter 56
Bewegung S. 57–60	Satzarten und Satzzeichen 57; Nomen in den vier Fällen 58; Fachbegriffe des Sports 60	Wörter mit ie 59; Übungswörter 60
Klassenzeitung S. 61–63	Verben in der einfachen und in der zusammengesetzten Vergangenheit 61; Fachbegriffe; Fremdwörter 62	Satzgrenzen; Auslautverhärtung; Wörter mit ä 63